Klasse 6

Chr. Vatter-Wittl & J. Vatter

Lückenfüller Deutsch 6

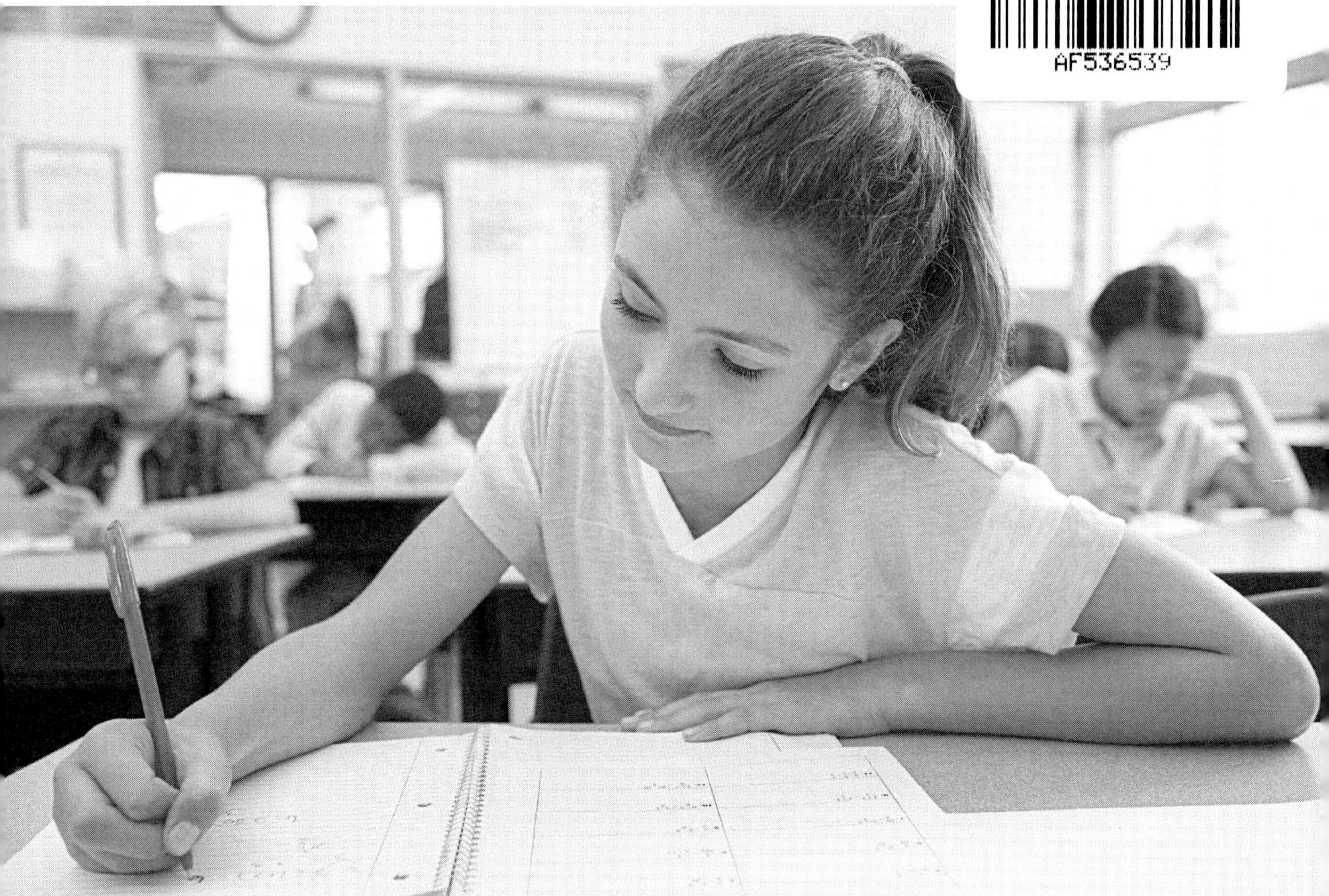

Aufgaben für flotte Schüler

www.kohlverlag.de

Lückenfüller Deutsch / Klasse 6
Aufgaben für flotte Schüler

1. Auflage 2021

Inhalt: Jochen Vatter & Christiane Vatter-Wittl
Coverbild: © Monkey Business - AdobeStock.com
Redaktion: Kohl-Verlag
Grafik & Satz: Kohl-Verlag
Druck: farbo prepress GmbH, Köln

Bestell-Nr. 12 459

ISBN: 978-3-96624-207-3

Bildnachweise © AdobeStock.com:
S. 2: Africa Studio; S. 7: martialred; S. 8: Daniel Berkmann; S. 10: dietwalther; S. 11: fotomek; S. 12: Pixel Embargo, Ihor, backup_studio; S. 14: Oleksandra; S. 16: H. Brauer, Visual Generation, pholidito; S. 17: Rogatnev, Alexander Pokusay, shockfactor.de; S. 18: Syda Productions, verkoka, SKatzenberger, mates, fotomek, ajr_images, djile, stakhov, Jamrooferpix, Arpad Nagy-Bagoly, hikrcn, Lukas Gojda, SFIO CRACHO, Bernd Kröger; S. 19: virtisus, wowow, tomoka.m; S. 22: ps-ixel; S. 23: rccartoons, diedel, Marina; S. 24: Feodora, snyGGG; S. 25: sonsedskaya, Aniol; S. 26: Creative, GraphicsRF; S. 27: Jurapix; S. 28: VanderWolf Images; S. 30: NastyaTsy; S. 31: fotomek, janista, hobrath; S. 33: stonepic, Tomas81; S. 34: Anna Velichkovsky; S. 35: GraphicsRF; S. 36: Marc; S. 39: OguzhanRamazan; S. 41: OguzhanRamazan; S. 42: snyGGG; S. 43: piggybankstudio; S. 44: す〜ロン; S. 46: Kaesler Media
Bildnachweise © Wikipedia.de:
S. 15: HerrMente, I._H._Campe; S. 21: Fbnpch; S. 32: Thomas Schmidt NetAction; S. 37: John_Steell_Stefan Schäfer, Lich: S. 38: Museo_Archeologico_Nazionale_-_Naples_BW; S. 39: Eimann, Steffen Grocholl, Roehrensee, Stefan Weisbrod, Kramer96, Axel Hindemith, Club4ever, Ulrike Harbig; S. 46: Miguel Discart; S. 47/48 gemeinfrei
Bildnachweise © clipart.com: S. 47-49
Bildnachweise © Jochen Vatter – Christiane Vatter-Wittl: S. 5; S. 13; S. 28; S. 29; S. 38; S. 40; S. 43; S. 44; S. 45

Inhalt

Lückenfüller Deutsch / Klasse 6 – Bestell-Nr. 12 459
Aufgaben für flotte Schüler

Inhalt

Liebe Kolleginnen und Kollegen,

manche Schüler/innen sind mit ihren Aufgaben schneller fertig, manche haben Lücken im Lehrstoff, andere wiederum machen auch gerne zu Hause freiwillig zusätzliche Arbeiten. Oft sind Aufgaben für die Ferien oder das Wochenende gewünscht oder angebracht. Für alle die sind die Lückenfüller gedacht.

Natürlich können sie jederzeit auch in Lern- oder Übungstheken, in Lernzirkeln oder zur Differenzierung eingesetzt werden.

Auf jeden Fall haben Sie mit dieser Sammlung Arbeitsaufgaben an der Hand, die Ihren Unterricht bereichern können und werden. Jedes Aufgabenblatt bietet mehrere Einzelaufgaben an, die ein Zusatzangebot darstellen und den Schüler/innen als solches angeboten werden können, d.h. die Schüler/innen können selbst über die Anzahl der zu bearbeitenden Aufgaben bestimmen.

Viel Spaß und Erfolg mit den Lückenfüllern wünschen der Kohl-Verlag und die Autoren

Jochen Vatter und Christiane Vatter-Wittl

1 Adjektive veranschaulichen (Blatt 1)

Aufgabe 1: *Ordne unten die Wortanfänge von Adjektiven zusammen mit den richtigen Endungen den entsprechenden Spalten zu.*

wahr	unwidersteh	frucht	fr	kost	mus
zauber	zag	furcht	typ	sonder	klass
wirk	sagen	schein	höf	aufmerk	hess
furcht	märchen	ein	hand	wach	wicht
grau	fabel	denk	fried	streb	wohltät
folg	vorteil	dank	witz	lang	zuverläss
zugäng	schmalz	sicht	geist	spött	prächt
kom	zuverläss	fühl	putz	heim	rätsel
fröh	warmherz	köst	einfühl	heidn	ehren
häss	vergäng	überschwäng	wunder	heuchler	flatter

-ig	**-lich**	**-sam**	**-haft**	**-bar**	**-isch**

Aufgabe 2: *Wähle aus der Liste jeweils ein zu dem Nomen passendes Adjektiv aus.*

stark	warm	sauer	nass	plump	feucht
erfreulich	rot	kalt	bitter	laut	klein
faszinierend	hässlich	böse	süß	taub	liebevoll
dreist	staatlich	schnell	dumm	bitter	zauberhaft
stumm	ernst	warm	lau	hell	großzügig
grantig	vertraulich	laut	super	halb	dunkel

Das ist ja ein ______________ Stück. Lass doch diese ______________ Anmache. Das ist eine ______________ Angelegenheit. Diese Sache muss man schon ______________ nehmen. Hörst du nicht, du ______________ Nuss! Das hast du schnell kapiert, du bist ein ______________ Kopf. Der Salat hat aber einen ______________ Geschmack. Der Morgentau ist schuld daran, dass das Gras noch ______________ ist. Sie gefällt mir nicht. Sie ist ein ______________ Entchen. Mach nicht so eine ______________ Miene. Wenigstens mal eine ______________ Nachricht. Ich bewundere sie. Sie ist ein ______________ Mensch. Danke für diese ______________ Spende. Danke für den ______________ Gruß. Was für eine ______________ Theateraufführung!

1 Adjektive veranschaulichen (Blatt 2)

Aufgabe 3: *Bilde mit der Endung „–los“ aus diesen Nomen ebenfalls Adjektive.*

das Bewusstsein: _______________, die Farbe: _______________,
der Gedanke: _______________, die Frist: _______________,
die Form: _______________, die Wahl: _______________,
die Folge: _______________, die Freude: _______________,
der Grund: _______________, das Geräusch: _______________,
das Gehör: _______________, das Herz: _______________.

Mache im Heft weiter mit:
der Kampf, die Kosten, die Lust, der Laut, der Mut, die Naht, der Nutzen, die Pause, die Partei, der Rat, die Regung, die Sorge, die Scham, die Schuld, der Tadel, die Tat, der Trost, die Wolke, die Ahnung

Aufgabe 4: *Bilde neue Adjektive jeweils aus einem Adjektiv und einem Nomen.*

schmal	breit	eng	Herz	Schulter	Auge
hart	jung	kalt	Lippe	Frau	Haar
blau	schön	rau	Stirn	Blut	Geist
Feder	Bettler	Hand	warm	schwarz	fest
Stroh	Zentner	Feuer	leicht	arm	schwer
Rabe	Blut	Schnee	weiß	dumm	jung

schmallippig		

Aufgabe 5: *Löse jetzt umgekehrt die Adjektive in ihre zwei Bestandteile auf.*

preisverdächtig, aalglatt, kugelrund, bärenstark, knallhart, haushoch, goldrichtig, haarklein, mausgrau, pudelnass, bienenfleißig, kinderfreundlich, staubtrocken, turmhoch, wieselflink, saustark, baumhoch, wertvoll

KOHL VERLAG Lückenfüller Deutsch / Klasse 6 Aufgaben für flotte Schüler – Bestell-Nr. 12 459

2 Nachschlagen üben (Blatt 1)

Wer weiß, wie man schnell in einem Wörterbuch nachschlagen kann, gewinnt in der Prüfung Zeit und kann auch das Finden von unbekannten Wörtern gelassen angehen. Damit du dir dabei wieder sicher bist, bearbeite die folgenden Übungen bitte in der angegebenen Reihenfolge.

Aufgabe 1: *Schreibe das Alphabet einmal komplett auf. In jedes Kästchen kommt ein Buchstabe.*

Aufgabe 2: *Decke Aufgabe 1 zu und finde hier jeweils die passenden drei Vorgänger und drei Nachfolger.*

______ QRS ______ ______ hij ______ ______ STU ______

______ pqr ______ ______ LMN ______ ______ def ______

Ist der Anfangsbuchstabe mehrerer Wörter gleich, so musst du zum Sortieren den nächsten unterschiedlichen Buchstaben anschauen.

Aufgabe 3: *Ordne die folgenden Wörter nach dem Alphabet.*

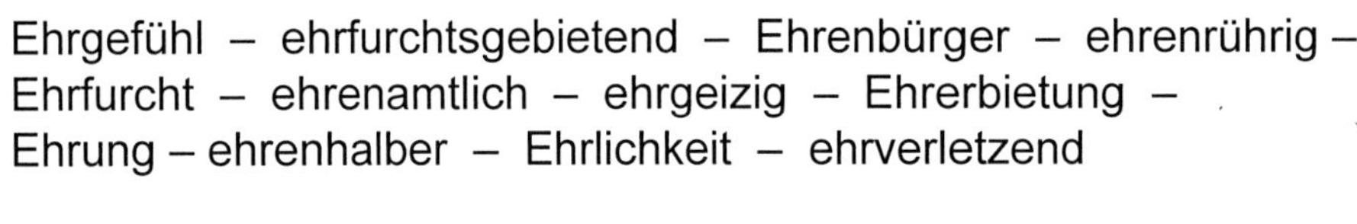

Ehrgefühl – ehrfurchtsgebietend – Ehrenbürger – ehrenrührig – Ehrfurcht – ehrenamtlich – ehrgeizig – Ehrerbietung – Ehrung – ehrenhalber – Ehrlichkeit – ehrverletzend

____

____

____

____

Aufgabe 4: *Ordne die Wörter aus Aufgabe 3 alphabetisch nach ihren Wortarten:*

Nomen: ____

____

Verben: ____

____

Adjektive: ____

____

2 Nachschlagen üben (Blatt 2)

Gerade in Sachtexten findet man immer wieder Abkürzungen, die so gebräuchlich sind, dass sie immer wieder vorkommen. Daher sollte man sie kennen oder zumindest wissen, wo man sie nachschlagen kann.

Aufgabe 5: *Finde die angegebenen Abkürzungen in deinem Wörterbuch und schreibe deren Bedeutung auf. Es ist auch sinnvoll dir diese zu merken, da sie immer wieder vorkommen.*

lfd. ______________________ ggf. ______________________

v. Chr. ______________________ ca. ______________________

HBF ______________________ z.B. ______________________

m. E. ______________________ Anm. ______________________

vgl. ______________________

Aufgabe 6: *Bilde mit den Abkürzungen jeweils einen Satz.*

____

____

____

____

____

____

____

____

____

Aufgabe 7: *Was bedeuten diese Abkürzungen?*

franz. ______________________, engl. ______________________,

griech. ______________________

Aufgabe 8: *Finde noch drei weitere Abkürzungen für andere Sprachen in deinem Wörterbuch und schreibe sie hier mit ihrer Bedeutung auf.*

____

____

____

____

Lückenfüller Deutsch / Klasse 6
Aufgaben für flotte Schüler – Bestell-Nr. 12 459
KOHL VERLAG

2 Nachschlagen üben (Blatt 3)

Merke: Wenn man weiß, was die Darstellungsweise bedeutet, kann man aus ihr viel herauslesen. Wörterbucheinträge sehen oftmals so aus:

Le | gi | o | när, der; -s, e (franz.) Soldat einer römischen Legion

Hier kannst du Folgendes herauslesen:

- Das Wort Legionär stammt ursprünglich aus dem Französischen.
- Der zugehörige Artikel ist der.
- Das –s weist darauf hin, wie das Wort im zweiten Fall, sprich im Genitiv, heißen muss, also: des Legionärs.
- Die Mehrzahl wird mit einem e am Wortende gebildet: die Legionäre.
- Striche „im Wort“ zeigen die Silben auf, nach denen es getrennt werden kann.
- Die Wortbedeutung ist klar: Ein Legionär ist ein Soldat einer römischen Legion.

Aufgabe 9: *Wie kannst du folgende Wörter richtig trennen? Markiere die Silbenabgrenzung mit einem roten Strich.*

F e i n w a s c h m i t t e l   L e b e r b l ü m c h e n

L e g e n d e n b i l d u n g   P a l a d i n   O z e l o t

S e e l s o r g e   S e d i m e n t   T e l e m a r k a u f s p r u n g

Aufgabe 10: *Schreibe die folgenden Wörter im Plural mit Artikel auf.*

der Ozean - ____________________, die Paillette - ____________________,

die Sinfonie - ____________________, der Siphon - ____________________,

der Wiedehopf - ____________________

Aufgabe 11: *Wie lauten die folgenden Wörter im Genitiv (mit Begleiter)?*

der Zement - ____________________, das Darlehen - ____________________,

das Konto - ____________________, der Fulgurit - ____________________.

Aufgabe 12: *Finde die folgenden Wörter im Wörterbuch und schreibe deren Erklärung auf.*

Fundraising: ____________________

Klause: ____________________

Klausel: ____________________

Reede: ____________________

regenerieren: ____________________

Einbeere: ____________________

3 Wörterbucharbeit (Blatt 1)

Aufgabe 1: *Hier musst du in jeder Zeile das gefragte Wort ankreuzen.*

> **Wichtig:**
> In Wörterbüchern wird einfach
> ä wie a,
> ö wie o,
> ü wie u,
> ß wie ss behandelt!

a) *Welches Wort kommt an dritter Stelle?*

Ast ❐ Arbeit ❐ Auto ❐ Attest ❐
Klappe ❐ Kartei ❐ Kuss ❐ Kurve ❐
Handtuch ❐ Halstuch ❐ Hemd ❐ Hand ❐
Sturzgefahr ❐ Schadstoff ❐ Schorf ❐ Schürze ❐
Teebeutel ❐ Teer ❐ Tee ❐ Test ❐
Bastelbogen ❐ Balldruck ❐ Blutdruck ❐ Blättersammlung ❐
Mehrheit ❐ Meeresboden ❐ Merkmal ❐ Mehl ❐
Gebäude ❐ Gelände ❐ Gebinde ❐ Gebirge ❐
Bestie ❐ beteiligen ❐ Bestrahlung ❐ Betäubung ❐
beschädigen ❐ berühren ❐ berühmt ❐ beruhigen ❐
Deck ❐ Daumen ❐ Datum ❐ Dattel ❐
Einbruch ❐ Eimer ❐ Einband ❐ Einbahnstraße ❐
Dessert ❐ Desktop ❐ Deo ❐ Denkmal ❐
Etappe ❐ Etage ❐ Etui ❐ Etikett ❐
Gezwitscher ❐ Gezeiten ❐ Gewusel ❐ Gewürz ❐
Gestell ❐ Getränk ❐ Gestrüpp ❐ Gestüt ❐

b) *Welches Wort kommt an zweiter Stelle?*

Gipfel ❐ Giraffe ❐ Girl ❐ Gips ❐
Herberge ❐ herbei ❐ Herbst ❐ heraus ❐
Heute ❐ Hexe ❐ Heuschrecke ❐ heulen ❐
Heide ❐ heftig ❐ Heidelbeere ❐ Heft ❐
Kasper ❐ Kaserne ❐ Karussell ❐ Käse ❐
knacken ❐ knurren ❐ knallen ❐ knapp ❐
Löwenzahn ❐ Lotterie ❐ Lotse ❐ Löwe ❐
Pegel ❐ Pech ❐ Peitsche ❐ Pedal ❐

c) *Welches Wort kommt an vierter Stelle?*

Pension ❐ perfekt ❐ Pendel ❐ Pelz ❐
Parcours ❐ Park ❐ Parfüm ❐ Parasit ❐
Rassel ❐ Rasse ❐ Rate ❐ Rat ❐
Quelle ❐ quengeln ❐ quer ❐ quetschen ❐
Schlamassel ❐ Schlamm ❐ Schlagzeile ❐ Schlager ❐
Scheusal ❐ scheußlich ❐ Scheune ❐ scheuern ❐
Vergiftung ❐ Vergissmeinnicht ❐ vergessen ❐ Vergangenheit ❐
Zylinder ❐ Zyklus ❐ zwölf ❐ zwitschern ❐

Lückenfüller Deutsch / Klasse 6 – Aufgaben für flotte Schüler – Bestell-Nr. 12 459

3 Wörterbucharbeit (Blatt 2)

Aufgabe 2: *Schreibe die vier Wörter jeweils in alphabetischer Ordnung auf.*

Vormittag	Vormund	Vorsicht	Vorlage

Aufstieg	Aufstand	Auftakt	Aufenthalt

Merkmal	Mahnmal	Denkmal	Duftmarke

Empfänger	Erbe	Eckball	Fußball

Datum	Dauer	Trinkhalle	Dummkopf

Fahrrad	Fuhrpark	Fahrplan	Führerhaus

Vorderrad	Volleyball	Volk	Völkerball

Behälter	Ballhalter	Balltreter	Bauhaus

Brotbeutel	Brotbehälter	Bratwurst	Bratapfel

Zugfahrt	Zaunkönig	Zugschaffner	Zaunlatte

Aufgabe 3: *Stelle im Heft 3 alphabetische (A-Z ohne X, Y) Listen auf. Trage dabei auch die folgenden Begriffe ein. Fülle den Rest kreativ auf.*

Kaminschacht, Bilderrahmen, Windpark, Krötenzaun, Anhängerkupplung, Wildwechsel, Kotflügel, Kellertreppe, Wagenheber, Fernseher.

	Gegenstände im Haus	**Begriffe aus der Natur**	**Begriffe zum Thema „Fahrzeuge"**
A			
B			
...			
Z			

4 Frau Amsel ist zutraulich

Hallo Bernd,

ich weiß nicht, ob ich dir schon einmal von unserer Amsel erzählt habe, die wir im Winter gefüttert haben. Sie wurde ja so zutraulich, dass sie mir fast schon aus der Hand gefressen hat.

Die Amsel wartete jeden Morgen beim Frühstück schon auf der Mauer neben der Terrasse auf das Futter. Und dann kam auch das Männchen hinzu. Das war am Anfang scheuer, aber dafür ist es jetzt umso frecher. Doch irgendwie ist jetzt das Weibchen etwas scheuer geworden – vielleicht aus Sicherheitsgründen, weil es brütet. Man sieht auch, wie die Amseln zurzeit ihre Revierkämpfe austragen. Wenn unsere zwei Amseln manchmal nicht gleich alles auffressen, kommt gelegentlich eine andere – aber die bleibt nicht lange, die wird sofort aus dem Revier vertrieben.

Heute war es so schön, da habe ich die Solarlämpchen für den Garten auf der Terrasse gesäubert und wieder in Ordnung gebracht. Und als ich so am Tisch saß, kam auf einmal das Weibchen, setzte sich vor mir auf den Tisch und schaute mich so an, als wollte sie sagen: „Wo ist denn das Futter?“ „Selbstverständlich hole ich dir das Futter gleich“, beruhigte ich sie. Sofort flog sie auf die Mauer und wartete wieder, bis ich mit dem Futter (Rosinen und Haferflocken) zurückkam. Und dann kam wieder die vertraute Szene – ohne Angst und in Ruhe hat sie neben mir alles aufgefressen.

Welch eine Freude, wenn Tiere so zutraulich werden.

Aufgabe 1: *Unterstreiche im Text alle Satzgegenstände (Subjekte) blau.*

Aufgabe 2: *Markiere alle Bestimmungen im 4. Fall (Akkusativ) gelb.*

Lückenfüller Deutsch / Klasse 6
Aufgaben für flotte Schüler – Bestell-Nr. 12 459
KOHL VERLAG

5 Amselfütterung

Aufgabe 1: *Im Text fehlen die Satzgegenstände (Subjekte). Versuche die Lücken mit einem Wort deiner Wahl zu füllen, das Sinn macht.*

Die ______________________ geht aber noch weiter. Unsere ______________ ist 2,50 m zurück ins Haus versetzt. Wenn _____ im Esszimmer frühstücken, kommt das __________________ an das Fenster und pickt mit dem Schnabel gegen das Glas, als wolle ___ sagen: „Kommt schon endlich und gebt mir was!“ Selbstverständlich stehe ____ dann auf und bringe ein paar Rosinen und Haferflocken hinaus. In einem sicheren Abstand zwischen 30 und 50 cm pickt ____ die Mahlzeit auf. Einfach toll. Nachdem ____ ja mittags schön warm ist, essen _____ auf der Terrasse und nachmittags trinken _____ dort Kaffee. Dann setzen sich meistens auch die ___________________ auf die Terrassenmauer und warten auf Futter. Auf meinem Spaziergang durch den Garten hüpfen ____ in sicherem Abstand neben mir her – einfach toll. Und wenn ____ den Garten gieße und die ___________ hüpfen so neben mir, dann richte ____ manchmal auch die Brause auf sie. Naja, das wollen ____ scheinbar nicht so unbedingt, _____ fliegen aber nicht weg, sondern hüpfen einfach nur auf die Seite.

Aufgabe 2: *Setze nun in die Lücken die richtigen Wörter aus dem Kasten ein.*

sie – Amselweibchen – sie – wir – Amselgeschichte – wir – beiden Amseln – sie – Amseln – es – ich – Terrasse – ich – es – wir – sie – ich

Aufgabe 3: *In der Geschichte findest du einige zusammengesetzte Namenwörter (Nomen). Unterstreiche sie und notiere sie dann hier in Schönschrift.*

Aufgabe 4: *Notiere noch weitere zusammengesetzte Namenwörter zum Thema Garten.*

Aufgabe 5: *Beobachte die Amseln. Wo überall können sie sitzen?*

6 Das Gedicht Der Zaunkönig von Joachim H. Campe

Aufgabe 1: *Lies den Text erst leise, dann laut, dann sinnvoll betont. Lies noch einmal, wobei du flüssig über die Zeilenenden ohne Satzzeichen hinweg gehst.*

Der Zaunkönig

Es wollten einst die Vögelein
beherrscht von einem König sein
und luden alle groß und klein
zum königlichen Wettflug ein.
Und alle schwangen sich empor,
doch allen tats der Adler vor.
Schon huldigt ihm der Vögel Chor,
als plötzlich unter ihm hervor
der allerkleinste Vogel flog
und ihn ums Königtum betrog.

Es hatte nämlich dieser Kleine
euch zwischen seine großen Beine,
von ihm und allen unentdeckt,
bis dahin listig sich versteckt
und flog gar kecklich jetzt hervor,
tats sonder Müh dem Adler vor
und wollte selbst nun König sein.
Er wards - allein zu seiner Schande.

Denn alle Vögle, groß und klein,
verhöhnten ihn im ganzen Lande.
Wohin er flog, da flog die Schmach
dem kleinen Vogel spottend nach.

Da fühlte seine Majestät,
wie schlecht erlogne Würde steht;
und wohnt seitdem, um vor
der Spötter Necken
geschützt zu sein, in Zäunen
und in Hecken.

Joachim Heinrich Campe (1746-1818)

Campe zählt zu den Begründern des modernen Genres der gezielten Kinder- und Jugendliteratur. Er schrieb eine Serie erzieherischer, freundlicher Bücher für diese besondere Altersgruppe.

Aufgabe 2: *Du kannst das Gedicht auch auswendig lernen. Tu das in Schritten, jeden Tag vielleicht eine Strophe.*

Aufgabe 3: *Erzähle den Inhalt mit deinen eigenen Worten nach.*

____

____

____

____

____

____

____

7 „Auf alle Fälle“ in jedem Satz

<u>Aufgabe 1</u>: *Mit welchem Fragewort fragt man nach dem Satzteil? Um welchen Fall handelt es sich also?*

	Fragewort	Fall
Hanni ruft **Petra** jeden Tag an.	wen	4.
Petra sucht **ihr Handy**.		
Auch Petra hilft **ihrer älteren Schwester**.		
Betty leiht sich **Susis** Handy oft aus.		
Jeder Hund braucht **seinen eigenen Fressnapf**.		
Gib **dem Hund** endlich seinen Fressnapf.		
Gib auch Lupi **seinen Napf**.		
Bring doch **einen zweiten Knochen** mit.		
Wer will schon lustige **Handwerker** sehn?		
Fleißige Handwerker bauen **das neue Haus**.		
Dabei hilft der Meister **dem Azubi**.		
Auch jeder Geselle nimmt sich **seiner** an.		
Übermorgen kommt Hansi zu **dir**.		
Seine Freundin kommt wahrscheinlich auch mit.		
Sie werden ihre neuen **Räder** mitbringen.		
Lisas Rad ist das älteste.		
Du sollst **den Tag** nicht vor dem Abend loben.		
Jemandem auf den Leim gehen.		
Du scheinst **ein Brett** vor dem Kopf zu haben.		
Heinz zeigt **dir** schon wieder den Vogel.		
Lies bitte einmal **deine Geschichte** vor.		
Macht zu der Dokumentation einige **Notizen**.		
Stelle wichtige **Informationen** zusammen.		
Zeige **mir** deine Hausaufgabe.		
Tanjas Bericht ist heute der beste.		
Tauscht eure **Ergebnisse** bitte wieder aus.		
Alle klatschten nach euren **Ausführungen**.		
Ich denke, dass auch **Susis** Arbeit sehr gut ist.		
Mutti hat eine leckere **Kürbissuppe** gekocht.		
Heute gelang sie **ihr** aber nicht so richtig.		
Deshalb schüttete sie **sie** weg.		
Aber sie versucht **es** sicher noch einmal.		

8 Jeder Satz braucht einen Satzgegenstand

Aufgabe 1: *Unterstreiche jeweils den Satzgegenstand (Subjekt, 1. Fall oder Nominativ).*

Aufgabe 2: *Finde ein anderes sinnvolles Wort als Subjekt, schreibe es in die Spalte daneben.*

	anderer 1. Fall
Mutti wollte eine leckere Suppe kochen.	Vati
Sie gelingt ihr aber heute nicht so richtig.	
Also schüttet sie sie weg.	
Und sie versucht es noch einmal.	
Morgen wird Hans mitkommen.	
Pauls Freundin kommt auch mit.	
Wir nehmen auch unsere neuen Räder mit.	
Das älteste Rad gehört Thomas.	
Du sollst den Tag nicht vor dem Abend loben.	
Nie wieder gehe ich dir auf den Leim.	
Du scheinst schon wieder ein Brett vor dem Kopf zu haben.	
Heinz zeigt mir schon wieder einen Vogel.	
Ich will keine lustigen Handwerker sehn.	
Fleißige bauen das neue Haus.	
Der neue Meister hilft dem Azubi.	
Seiner nimmt sich auch ein alter Geselle an.	
Das ging ja ziemlich schnell.	
Thomas brauchte etwa 30 Minuten.	
Er erzählte freudig vom gemeinsamen Schwimmbadbesuch.	
Papa berichtete von seiner Arbeit in der Firma.	
Papa hört nicht aufmerksam zu.	
Er arbeitet nämlich in der Küche weiter.	
Er muss dort ja das Essen fertig stellen.	
Die ganze Familie wartet im Esszimmer.	
Warum geht ihr nicht in die Schule?	
Wohin gehen wir, um den Film anzusehen?	
Wieso fragst du mich und nicht ihn?	
Wozu der ganze Aufwand?	
Wozu dient das Treffen mit deiner Lehrerin?	
Wann hast du deine nächste Schulaufgabe?	
Wie nahmen deine Eltern die Nachricht auf?	
Wo arbeitet ein Architekt?	

Lückenfüller Deutsch / Klasse 6
Aufgaben für flotte Schüler – Bestell-Nr. 12 459

9 Bilder und Redensarten (Blatt 1)

Was sind Redensarten?

Redensarten sind bildhafte Wendungen, die unsere Sprache bereichern und sie anschaulicher werden lassen. Die Bedeutung einer Redensart muss man kennen, sonst kann man nichts damit anfangen. Viele sind dir im Laufe deines Lebens schon begegnet und du weißt deren Bedeutung. Auch weil sie über längere Zeiträume oft wiederholt werden.
Manche Redensarten stammen aus der griechisch-römischen Antike, aus Fabeln, Theaterstücken und Sagen. Viele verdanken wir der Bibel, insbesondere der Übersetzung Martin Luthers, etliche sind auch aus den Sprachen bestimmter sozialer Kreise und Berufsgruppen (z.B. Jäger und Soldaten) in die Allgemeinsprache übergegangen.

Aufgabe 1: *Trage neben den Redensarten jeweils die passende Bildnummer ein.*

etwas aus dem Hut zaubern ❒ auf dem Holzweg sein ❒ mundtot machen ❒
alle Ketten sprengen ❒ auf den Zahn fühlen ❒ sich das Gehirn zermartern ❒
Licht am Ende des Tunnels sehen ❒ zum Kern vordringen ❒
den Gürtel enger schnallen ❒ Luftsprünge machen ❒ die Würfel sind gefallen ❒
etwas die richtige Würze geben ❒ im Herbst des Lebens ❒ die Hand reichen ❒

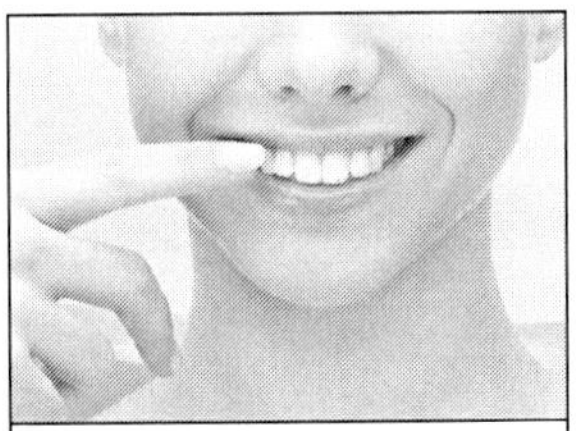

1

2

3

4

5

6

7

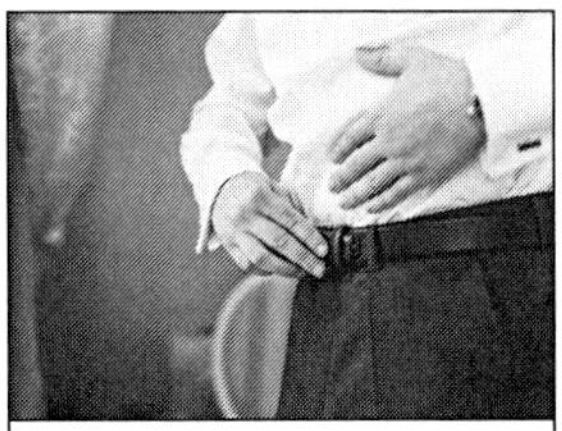

8

9

10

11

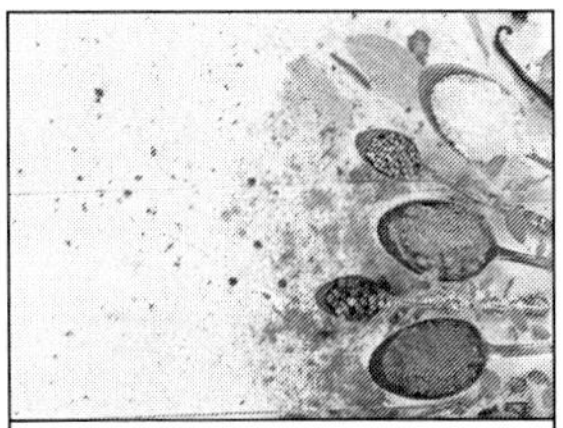

12

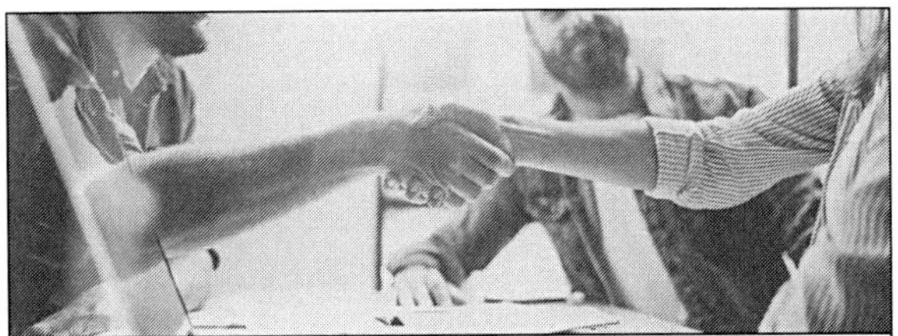

13

14

9 Bilder und Redensarten (Blatt 2)

Aufgabe 2: *Ordne jeweils links der Redensart die richtige Bedeutung rechts zu. Alle 27 Buchstaben zusammen ergeben einen Lösungssatz.*

1	kalte Füße bekommen	I	sterben
2	mehrere Eisen im Feuer haben	I	jemanden hinhalten
3	mit Geduld und Spucke	G	viel Glück wünschen
4	Hals- und Beinbruch wünschen	T	in einer sicheren Position sein
5	etwas ist hieb- und stichfest	H	etwas ist unwiderlegbar
6	einen Kater haben	K	den Mut verlieren
7	ins Gras beißen	L	gleichzeitig mehrere Möglichkeiten haben
8	fest im Sattel sitzen	E	einen dicken Kopf haben
9	Katz und Maus spielen	U	mit Ausdauer zum Erfolg

1	2	3	4	5	6	7	8	9

1	ein Brett vor dem Kopf haben	M	einen Fehler machen
2	ein Dorn im Auge sein	A	nicht entscheiden können
3	jemandem einen Bären aufbinden	R	Verbotenes begangen haben
4	eine ruhige Kugel schieben	I	eine Lektion wird erteilt
5	einen Freibrief für etwas haben	S	Offensichtliches nicht verstehen
6	einen Eiertanz aufführen	G	eine Erlaubnis haben
7	etwas ausgefressen haben	O	jemand ist wenig aktiv, faul
8	einen Denkzettel bekommen	T	etwas ist störend, ärgerlich
9	einen Bock schießen	S	jemanden anlügen

1	2	3	4	5	6	7	8	9

1	einen Vogel haben	N	ein heftiger Luftzug
2	etwas an die große Glocke hängen	C	etwas öffentlich machen
3	mit Haut und Haaren	Z	keine Ahnung haben
4	etwas auf dem Kerbholz haben	W	eine verbotene Tat begangen haben
5	etwas aus dem Boden stampfen	E	etwas spendieren
6	etwas aus der Nase ziehen	S	nicht zurechnungsfähig sein
7	im Dunklen tappen	T	mühsam zum Sprechen bringen
8	etwas springen lassen	H	ganz und gar
9	es zieht wie Hechtsuppe	Ä	etwas aus dem Nichts erschaffen

1	2	3	4	5	6	7	8	9

Lückenfüller Deutsch / Klasse 6
Aufgaben für flotte Schüler – Bestell-Nr. 12 459

10 „das“ oder „dass“ (Blatt 1)

Aufgabe 1: *Lies und versuche die Regeln zu verstehen.*

Regeln: Die Unterscheidung zwischen **das** und **dass** sowie deren richtige Anwendung ist immer wieder Thema unterrichtlicher Aktivitäten.

Du weißt das nicht. - Du weißt nicht, dass es so ist.

Im ersten Fall ist **das** ein **Demonstrativpronomen**, es weist auf etwas hin. Und es kann ersetzt werden durch **ein**, **dieses**, **jenes**, **welches**.

Im zweiten Fall ist **dass** eine **Konjunktion**, ein Bindewort, es leitet einen Nebensatz ein, der vom Hauptsatz immer durch ein Komma abgetrennt ist. Dabei kann der Nebensatz auch am Anfang stehen:

*Er wusste nicht, **dass** das so ist.* – ***Dass** das so ist, wusste er nicht.*

Weiterhin kann das Wort **das** sein:

- ein **Artikel** (Begleiter): ***Das** Auto ist da.* Ersatzprobe: *Ein Auto ist da.*
- **Relativpronomen** (bezügliches Fürwort): *Das Mädchen, **das** (welches) er traf.*
- **Präposition** (Verhältniswort): *Das Auto, **in das** (in welches) ich eingestiegen bin.*

Aufgabe 2: *Setze das oder dass richtig ein.*

Toll, ______ ich an deiner Party teilnehmen darf! Schön, ______ ich auch meine neue Freundin mitbringen durfte. Weißt du, ______ Mädchen ist ganz nett. Ich hätte nicht gedacht, ______ auch unsere französischen Freunde kommen würden. ______ ist schön von ihnen. Ich glaube, besonders ______ blonde Mädchen scheint es dir angetan zu haben. Ich nehme an, ______ du gerne mal mit den Franzosen reden möchtest. Schau mal nach rechts, dort steht ______ Pärchen, ______ wir gestern getroffen haben. Ich denke, ______ sie so ziemlich die besten Tänzer hier sind. Du siehst ______ sicher auch so.

Aufgabe 3: *Kreuze die richtige Wortart an.*

	Artikel	Relativ-pronomen	Demonstrativ-pronomen	Präposition	Konjunktion
Gibst du mir bitte das Buch?					
Es ist gut, dass du da bist.					
Das Rad, das sie kaufte.					
Dad hatte das auch geglaubt.					
Mami freute sich, dass du ihr geholfen hast.					
Das Taxi, in das du eingestiegen bist.					

Aufgabe 4: *Finde zu jeder Wortart noch ein Beispiel.*

10 „das“ oder „dass“ (Blatt 2)

Aufgabe 5: *Markiere die Konjunktionen gelb.*

Die Röcke im Kleiderständer waren für Mandy viel zu teuer, sodass sie vom Verkauf absah. Dass ihm einmal das Geld ausgehen könnte, (das) hätte Thomas nie gedacht. Dass er pleite war, sagte er seiner Freundin nicht. Das wäre für sie enttäuschend gewesen. Das Schlimmste aber wäre gewesen, wenn auch sie jetzt kein Geld mehr gehabt hätte, das kannst du glauben. Also nahm sie eine türkisfarbige Jeans, die viel billiger war. Das Top gefiel ihr auch recht gut. Aber dass sie einmal Türkis gut finden würde, hätte sie sich noch vor zwei Wochen nicht vorstellen können.

Aufgabe 6: *Sind diese Behauptungen richtig oder falsch?*

Ich behaupte, dass ...	**Das ist richtig.**	**Das ist falsch.**
1) Augustus der erste Kaiser war.		
2) Karl der Große im Jahr 900 zum Kaiser gekrönt wurde.		
3) ab 1871 der sächsische König Deutscher Kaiser wurde.		
4) der Deutsche Kaiser 1910 abdankte.		
5) Wilhelm II ins Exil in die Niederlande ging.		

Kennst du noch Wetten, dass ...? Europas größte Fernsehshow lief von 1981 bis 2014. Kannst du dich noch an die eine oder andere Wette erinnern? Leider gab es 2010 einen schweren Unfall.

Aufgabe 7: *Setze das oder dass richtig ein.*

Ich bedauere, _______ ich _______ mit ansehen musste. Ich bedauere _______ Unglück. Ich behaupte, _______ die Wette geklappt hätte, wenn _______ Feuer nicht ausgegangen wäre. Ich freue mich, _______ ich _______ mit ansehen durfte. Wer hätte gedacht, _______ die Wette misslingen würde. _______ war schon eine tolle Idee! Ich will aber betonen, _______ mir der Unfall in der Sendung sehr Leid tat. _______ hätte nicht passieren dürfen. Wer hätte _______ gedacht, _______ so etwas passieren könnte. Ich denke es war richtig, _______ die Show nach dem Unfall abgesetzt worden ist. Ich verspreche, dir _______ Ereignis in der Mediathek zu zeigen, wenn _______ Material dort noch verfügbar ist.

Lückenfüller Deutsch / Klasse 6 – Bestell-Nr. 12 459
Aufgaben für flotte Schüler

11 „ent“ oder „end“

Regeln:

1. Die Vorsilbe **End-** steht bei einem Wort, dessen Bedeutung von **Ende**, **beenden** kommt. Sie wird beim Sprechen betont.
2. Die Vorsilbe **Ent-** bei Nomen und **ent-** bei Zeitwörtern wird beim Sprechen nicht betont.
3. Die Nachsilbe **-end** ist das Kennzeichen des Partizips (Mittelwort) der Gegenwart: z.B. *helfend* (Dieser Fall wird auf dem nächsten Blatt behandelt.)

Aufgabe 1: *Finde im Suchsel die 29 Nomen und schreibe sie getrennt nach den Vorsilben End- und Ent- mit Artikel in die Tabelle.*

T	R	E	N	D	S	P	U	R	T	I	E	R	E	N	D	Z	E	I	T
I	E	N	T	S	C	H	U	L	D	I	G	U	N	G	E	S	I	N	E
E	N	T	W	U	R	F	E	N	D	R	U	N	D	E	L	O	S	D	N
R	D	S	I	C	A	L	B	E	R	E	N	D	S	P	I	E	L	E	D
M	K	C	N	H	U	S	E	R	E	N	D	S	T	Ü	C	K	A	R	A
A	A	H	K	E	F	A	L	L	E	N	T	W	A	R	N	U	N	G	B
S	M	L	E	N	E	N	N	E	R	U	E	N	D	L	A	U	F	L	R
K	P	U	L	S	A	R	M	I	E	N	D	S	I	L	B	E	A	E	E
E	F	S	I	E	N	T	W	Ä	S	S	E	R	U	N	G	R	U	N	C
N	U	S	E	N	D	L	A	G	E	R	S	U	M	M	E	O	L	T	H
U	N	E	N	D	L	I	C	H	K	E	I	T	E	L	L	T	E	S	N
B	E	N	T	Z	Ü	N	D	U	N	G	R	U	N	D	B	E	I	C	U
E	N	T	W	I	C	K	L	U	N	G	E	S	I	C	H	T	H	H	N
R	E	N	T	F	E	R	N	U	N	G	E	N	T	N	A	H	M	E	G
K	E	N	T	F	E	U	C	H	T	E	R	E	N	T	N	E	R	I	N
R	A	U	F	E	N	D	Z	E	I	L	E	T	R	E	N	N	E	D	A
E	N	D	E	R	G	E	B	N	I	S	U	T	A	E	N	T	Z	U	G
I	D	Z	I	E	N	D	V	E	R	B	R	A	U	C	H	E	R	N	E
S	E	I	N	E	O	M	A	S	E	N	T	G	I	F	T	U	N	G	L

End-	
Ent-	

12 Mittelwörter (Partizipien) der Gegenwart

Die Nachsilbe –end ist das Kennzeichen des Partizips (Mittelwort) der Gegenwart:

Aufgabe 1: *Löse die Wörterschlangen auf und schreibe die Partizipien in Schönschrift auf.*

entsprechendentwürdigendpackenddrohend

spielendtrinkendweinendhelfendsitzendfahrend

lachendsingendwarnendlaufendbeschwichtigend

Aufgabe 2: *Bilde aus diesen Verben Mittelwörter der Gegenwart.*

grinsen	grinsend	malen		reisen	
singen		packen		graben	
essen		schimpfen		brechen	
gelingen		drücken		schießen	
purzeln		schauen		hüpfen	

Aufgabe 3: *Bilde auch die Mittelwörter der Vergangenheit.*

grinsen	gegrinst	malen		reisen	
singen		packen		graben	
essen		schimpfen		brechen	
gelingen		drücken		schießen	
purzeln		schauen		hüpfen	

Aufgabe 4: *Ergänze mit einem Mittelwort der Gegenwart.*

sprechende – bellender – röhrende – tobender – fliehende – rauchende – hoppelnde – quakende – singende – marschierende – küssendes – rasende

der ____________________ Hirsch, der ____________________ Kamin,

das ____________________ Häschen, der ____________________ Frosch,

der ____________________ Einbrecher, der ____________________ Papagei,

der ____________________ Chor, der ____________________ Roland,

eine ____________________ Truppe, ein ____________________ Pärchen,

ein ____________________ Sturm, ein ____________________ Hund.

Aufgabe 5: *Suche selbst noch einige ähnliche Beispiele, schreibe ins Heft.*

Lückenfüller Deutsch / Klasse 6
Aufgaben für flotte Schüler – Bestell-Nr. 12 459

13 Satzarten vertiefen

Aufgabe 1: *Kreuze jeweils die richtige Satzart an.*

	Aussagesatz	Ausrufesatz	Aufforderungssatz	Fragesatz
Aber ich mag dich doch.				
Ich will das aber nicht haben.				
Hallo, du bist aber gut!				
Wieso das denn?				
Du bist ja auch ganz toll.				
Wer mag denn die da?				
Du bist einfach ein ganz toller Bursche.				
Wer sagt denn eigentlich so etwas?				
Sei doch bitte endlich etwas leiser!				
Wohin soll ich denn jetzt gehen?				
Wer kommt denn heute noch dazu?				
Wie groß du geworden bist!				
Magst du mich eigentlich noch?				
Das ist doch der helle Wahnsinn!				
Willst du das nicht auch?				
Jetzt bin ich aber ganz schön sauer.				
Wen von den beiden magst du lieber?				
Lass das doch bitte endlich sein.				
Du sollst endlich damit aufhören!				
Gib mir doch bitte mal dein Matheheft!				
Wer ist hier sauer?				
Meinst du das wirklich ernst?				
Das wirst du dann schon sehen.				
Frag einfach nicht.				
Was ist das denn jetzt?				
Du sollst das jetzt endlich lassen!				
Hört doch bitte auf damit!				
Wieso fragst du erst jetzt?				
Frage doch Papa.				
Ich möchte das einfach einmal probieren.				

14 Jeder Satz braucht eine Satzaussage

Aufgabe 1: *Unterstreiche jeweils die Satzaussage (Prädikat).*

Aufgabe 2: *Finde ein anderes sinnvolles Wort als Satzaussage, schreibe es in die Spalte daneben.*

	andere Aussage
Susi und Strolch spielen im Garten.	sitzen
Wohin gehen Thomas und Karli?	
Jonas und Lilly gehen spazieren.	
Herr Scheuer liest jeden Morgen etwas vor.	
Kennst du Anna und ihre Schwester?	
Kennen sie mich auch?	
Ich kenne sie schon sehr lange.	
Kennt sie deine Eltern auch?	
Geht es Mutti schon besser?	
Gestern war die Lage noch schlechter.	
Hoffentlich wird es morgen besser sein.	
Morgen kommt auch Mama wieder.	
Dort drüben laufen meine Freunde.	
Sie wollen meine Schwester treffen.	
Sie kommt gerade aus dem Kaufhaus.	
Zusammen gehen sie in den Park.	
Was wollt ihr nur dagegen tun?	
Was werden die anderen tun?	
Die werden sich raushalten und abwarten.	
Die Freunde streiten wie Katz und Hund.	
Wer schwimmt auf dem See?	
Ich will eure Hände sehn.	
Meister Jakob schläft nicht mehr.	
Rumpelhänschen tanzt im Park.	
Bald beginnt der Herbst.	
Die Blätter fallen.	
Mit dem Sommer waren wir nicht zufrieden.	
Meiner Oma geht es gut.	
Hans ist im Glück.	
Ich lese das Märchen vom gestiefelten Kater.	
Wo verliefen sich Hänsel und Gretel?	
Kennst du noch andere Märchen?	

Lückenfüller Deutsch / Klasse 6 – Bestell-Nr. 12 459
Aufgaben für flotte Schüler
KOHL VERLAG

15 Nochmals Satzgegenstände

Aufgabe 1: *Unterstreiche jeweils den Satzgegenstand (Subjekt).*

Aufgabe 2: *Finde ein anderes sinnvolles Wort als Subjekt, schreibe es in die Spalte daneben.*

	anderer Gegenstand
Hans spielt im Garten.	Der Hund
Wohin geht Frieda?	
Mama und Molli gehen spazieren.	
Herr Scheuer liest uns morgen etwas vor.	
Kennst du Petra?	
Kennt sie deine Schwester?	
Mich kennt sie schon lange.	
Wieso kennt sie dich nicht?	
Morgen wird das Wetter sicher besser.	
Gestern war es ganz schlecht.	
Morgen wird es sicher nicht schneien.	
Morgen wird auch meine Tante kommen.	
Schau, dort drüben laufen Hanni und Berta.	
Sie wollen ihren Opa treffen.	
Der kommt gerade aus dem Supermarkt.	
Zusammen gehen sie nach Hause.	
Alle Enten schwimmen auf dem See.	
Der Chef will fleißige Handwerker sehn.	
Bruder Hans schläft noch immer.	
Ein Männlein steht im Walde.	
Endlich ist der Frühling da.	
Den Winter kannst du vergessen.	
Im Herbst waren alle noch zufrieden.	
Den Großeltern geht es nicht immer gut.	
Hans hat immer Glück.	
Das Märchen von Hans und Greta ist es.	
Hans und Greta spielten im Wald.	
Kennst du andere Märchen?	

16 Im Schwimmbad – Umstandsbestimmungen

Aufgabe 1: *Unterstreiche die Umstandsbestimmung (Adverbiale) und trage ein, um welche es sich handelt (Ort, Zeit, Grund, Art und Weise).*

	Adverbiale
Hans und Susi gehen ins Schwimmbad.	Ort
Gestern waren sie auch schon schwimmen.	
Auch vorgestern spielten sie lange Zeit zusammen.	
Sie trafen sich am Bahnhof.	
Wegen der unerträglichen Hitze wollen sie sich im Bad abkühlen.	
Fröhlich tollten sie herum.	
Im Zug schimpfte sie der grantige Busfahrer.	
Im Freibad angekommen zogen sich beide schnell um.	
Unter der Dusche kühlten sie sich ab.	
Mutig erklommen sie den Sprungturm.	
Susi stand lange unentschlossen herum.	
Enttäuscht ging Hans heim.	
Du warst aber ziemlich schnell fertig.	
Tanja brauchte etwa 20 Minuten.	
Sie erzählte freudig vom gemeinsamen Erlebnis.	
Papa berichtete von seiner Arbeit im Büro.	
Opa hört wieder nicht aufmerksam zu.	
Oma arbeitet in der Küche weiter.	
Sie muss dort ja das Abendessen fertig machen.	
Die Großfamilie wartet im Esszimmer.	

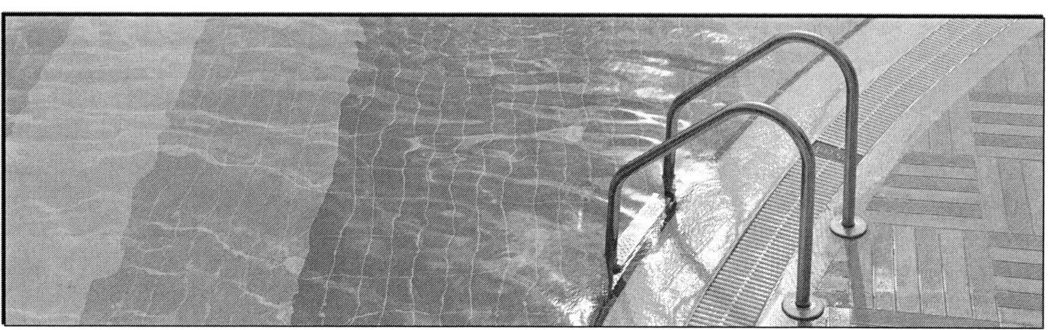

Aufgabe 2: *Stell dir vor, du bist heute im Schwimmbad. Finde möglichst viele Ortsangaben (Adverbialen des Ortes).*

____

____

____

Lückenfüller Deutsch / Klasse 6 – Bestell-Nr. 12 459
Aufgaben für flotte Schüler

17 Am Bahnhof – Umstandsbestimmung

Aufgabe 1: *Nach welcher Umstandsbestimmung oder Adverbiale (Ort, Zeit, Grund, Zweck, Art und Weise) wird hier gefragt? Trage in die rechte Spalte ein.*

	Adverbiale
Warum geht ihr nicht in den Garten?	Grund
Wohin geht ihr, um Frischluft zu tanken?	
Wieso fragst du nicht den Schaffner?	
Wozu das Ganze?	
Wozu dient das Treffen am Bahnhofsvorplatz?	
Wann findet dein nächstes Training statt?	
Wie nahm dein Vater die Nachricht auf?	
Wo arbeitet ein Fahrkartenverkäufer?	
Wann kommt Mama wieder?	
Woher kommen alle die Leute?	
Warum kommen die überhaupt?	
Wie gelang ihnen die Überfahrt?	

Aufgabe 2: *Stell dir vor, du bist heute auf dem Bahnhof. Finde möglichst viele Ortsangaben (Adverbialen des Ortes). Wer hat die meisten Ortsangaben gefunden? Tauscht euch auch untereinander aus.*

18 Je länger gewartet, desto größer die Ausbeute

Aufgabe 1: *Finde im Text möglichst viele Umstandsbestimmungen. Schreibe sie in dein Heft und daneben, um welche Art Adverbiale es sich jeweils handelt.*

Jetzt stehe ich schon 25 Minuten ohne Erfolg auf der Lichtung. Kopf immer nach links, dann wieder nach rechts gedreht. Immer wieder! Aber es kommt nichts. Heute bisher kein einziger Zug.

Da war die Ausbeute gestern und vorgestern schon besser. Warum ich hier neben dem Gleisbett stehe? Ich bin ein sogenannter Trainspotter, ein Zugbeobachter, einer, der als Hobby Züge aus sicherer Entfernung von den Schienen beobachtet, filmt und fotografiert, ein Eisenbahnfan halt. Als solcher muss ich Geduld haben, bis ich eine besondere Lok oder einen besonderen Zug vor der Linse habe. Ein paar Stunden sind schon nötig, um eine ausreichende Beute mit nach Hause nehmen zu können, wo ich das Material anschließend auf meinem Computer verarbeite.

Es gibt ja so schöne, einmalige Jubiläums- oder Werbeloks, bei denen beide Lokseiten und auch vorne und hinten farbig und originell gestaltet sind. Die Jubiläen von Kaiserin Sissi, Kaiser Franz Joseph, Wolfgang Amadeus Mozart, Ludwig van Beethoven waren Anlässe für Lokfolien. Auf anderen wird für den Beruf des Lokführers geworben oder an herausragende Anlässe erinnert, wie den Mauerfall oder die Wiedervereinigung.

Aus Sicherheitsgründen habe ich immer meine Warnweste an und wegen möglichen Wetterumschwungs Pulli und Regenweste dabei. Und die Ausrüstung muss natürlich stimmen: Videokamera, Fotoapparat, Akkus, Stativ und Fernglas sind immer bei mir; Verpflegung und Getränke nicht zu vergessen.

Ja, das macht schon Spaß, die eigene Sammlung mit neuen reizvollen Schnappschüssen anzureichern. Das Filmen des normalen Personenverkehrs ist nur dann für mich reizvoll, wenn ein Zug mit einer Nummer vorbeifährt, die ich noch nicht gespeichert habe. Oder wenn ein neuer Regionalexpress oder Intercity oder eine andere Rarität erscheint.

So wie jetzt. Im Hintergrund taucht ein Zug von „Rail Adventure“ auf, der eine neue Lok mit besonderer Spurweite von A nach B transportiert. Vielleicht sogar bis nach Finnland. Mal sehen, was es ist. Das sind so Momente, die Vorfreude und Kribbeln auslösen. Warum ich weiß, dass es ein „Rail Adventure“ ist? Über Smartphone stehe ich mit Freunden in Verbindung, die sich ebenfalls an der Strecke Regensburg–Nürnberg befinden; und wir geben einander Bescheid, wenn ein Zug vorbeifährt.

Wenn du mich nach meinem Berufswunsch fragst – natürlich Lokführer. In der Ausbildung bin ich schon. Und ich weiß Bescheid.

Ja, toll! In diesem Moment nähern sich aus beiden Richtungen zwei Güterzüge, eine rote Lok der DB und im Fernglas kann ich eine blau-weiße Lok der Wiener Lokalbahn erkennen. Die habe ich zwar schon als Foto, aber eine Zugbegegnung macht sich als Video immer gut.

19 Die Corona-Pandemie – Wortartentraining

Die Corona-Pandemie hat die ganze Welt überrollt. Zeitungen und Fernsehen waren oder sind täglich noch voll von entsprechenden Meldungen. Ein Sammelsurium an Wortschatz bestimmt unseren Alltag.

Aufgabe 1: *Markiere die Begriffe, die dir schon begegnet sind.*

Aufgabe 2: *Sortiere sie richtig geschrieben in die ins Heft übertragene Tabelle.*

VIRUS - DOKTOR - HUSTEN - beatmungsgerät - LANGWEILIG - MEDIZINER - PUZZELN - warteschlange - ERKRANKEN - VERBREITEN - erfolgreich - Operation - NIESEN - KRANK - SICHERHEITSABSTAND - einkaufen - WARMHERZIG - KREATIV - Mundschutz - VIROLOGE - ISOLIEREN - PANDEMIE - langweilig - HAMSTERN - EINSAM - Operieren - abteilung - SPIELEN - GEDULDIG - BEDECKEN - tödlich - BEATMEN - krankenschwester - GESUND - IMPFEN - verunsichern - UNSICHER - Testen - ENTTÄUSCHT - mysteriös - GEDULD - schlimm

Verben	Nomen	Adjektive

Aufgabe 3: *Erkläre folgende Begriffe mit eigenen Worten. (Internet, Wörterbuch)*

Pandemie: ____________________

Virologe: ____________________

isolieren: ____________________

hamstern: ____________________

Aufgabe 4: *Wähle 5 Wörter oben aus der Tabelle und bilde jeweils einen Satz zu Corona.*

Aufgabe 5: *Erst waren die Schulen geschlossen. Dann durften Schüler und Schülerinnen nur in Etappen wieder in die Schule. Was war daran gut und was schlecht?*

20 Wörter verbessern

Aufgabe 1: *Welches ist die richtige Schreibweise? Kreuze an.*

Radfahrer ❒ Ratfahrer ❒ Radfarer ❒

Gummiberchen ❒ Gummieberchen ❒ Gummibärchen ❒

Gleißarbeiter ❒ Gleisarbeiter ❒ Glaisarbeiter ❒

Hochspannungsleiter ❒ Hochspanungsleiter ❒ Hohspannungsleiter ❒

Grasshüpfer ❒ Graßhüpfer ❒ Grashüpfer ❒

Schutzenkel ❒ Schutzengel ❒ Schutsengel ❒

Tischtennisbal ❒ Tischtenisball ❒ Tischtennisball ❒

Schutzanzug ❒ Schuzanzug ❒ Schutsanzug ❒

Adwentskranz ❒ Adventskranz ❒ Adventskratz ❒

Kerzenstender ❒ Kerzenstänter ❒ Kerzenständer ❒

Richtungswecksel ❒ Richtungswechsel ❒ Richtungswexel ❒

Holzovenkohle ❒ Holzofenkole ❒ Holzofenkohle ❒

Motorbot ❒ Mootorboot ❒ Motorboot ❒

Satzausage ❒ Satzaussage ❒ Sazaussage ❒

Aufgabe 2: *Verbessere jeweils den Fehler und schreibe das Wort richtig auf.*

Donaudampfschiffahrtskapitän ____________________

Knödeldrehmaschiene ____________________

Stacheldratdreher ____________________

Zülinderkopfdichtungshalter ____________________

Maschinenreinigungsspetzialist ____________________

Zeitungsausträgerkoffer ____________________

Hundehaltervereinsvorsizender ____________________

Lückenfüller Deutsch / Klasse 6
Aufgaben für flotte Schüler – Bestell-Nr. 12 459

21 Samantha Cristoforetti, eine Frau im All

Samantha Cristoforetti wurde am 26. April 1977 in Mailand, Italien, geboren. Unter anderem studirte sie in München, Frankreich und Moskau.

Im Alter von 24 Jahren trat sie 2001 als Ofiziersanwärterin in die italienische Luftwaffe ein. Dort studierte sie auch vier Jahre lang und nahm nach ihrem Abschlus an einem Tränings-Programm auf der „Sheppard Air Force Base“ in den USA teil, wo sie 2006 ihren Kamfpilotenschein erhielt. Im Mai 2009 wurde Cristoforetti von der ESA als Astronautin ausgewält.

Im November 2010 schloss sie ihre Astronauten-Grundausbildung ab und erhielt ihren Status Reserveastronautin, in dem sie weitere Qualifikatsionen erwarb, die sie befähigten mit der Sojus TMA-15M zur Internationalen Raumstation ISS zu fliegen, was am 23. November 2014 von Kasachstan aus statfand. Die Rückkehr zur Erde erfolgte nach 200 Tagen am 11. Juni 2015. Noch nie war vor ihr ein europäischer Astronaut länger im All gewesen.

Zurzeit wartet Cristoforetti am europäischen astronautenzentrum mit verschiedenen speziällen Aufgaben auf ihren zweiten Raumflug-Einsatz.

Für ihre Verdienste wurde Ihr im Juli 2015 vom italienischen Präsidenten der Verdienstorden der Italienischen Republik verliehen.

Aufgabe 1: *Suche die 14 Fehlerstellen, markiere sie und notiere das richtig geschriebene Wort.*

____

____

____

____

____

____

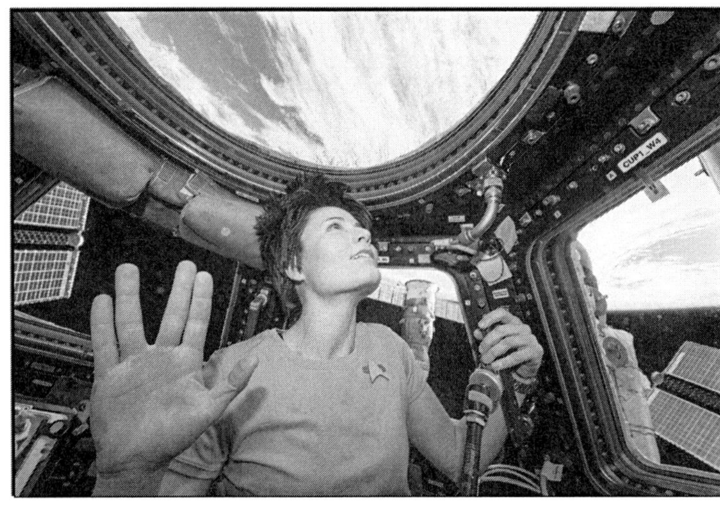

Ein letzter Gruß an Leonard Nimoy (Mr. Spock von Raumschiff Enterprise) am 28.02.2015, einen Tag nach seinem Tod.

22 Das Gedicht *Bewaffneter Friede* von Wilhelm Busch

Aufgabe 1: *Lies das Gedicht erst leise, dann laut, dann ausdrucksstark.*

Aufgabe 2: *Das Gedicht soll in die aktuelle Rechtschreibung und Grammatik übertragen werden. Markiere die „Fehler" und schreibe die Wörter richtig in die rechte Spalte. Setze auch die Redezeichen („…") richtig.*

Bewaffneter Friede	
Ganz unverhofft, an einem Hügel,	
Sind sich begegnet Fuchs und Igel.	sind
Halt, rief der Fuchs, du Bösewicht!	
Kennst du des Königs Ordre nicht?	
Ist nicht der Friede längst verkündigt,	
und weißt du nicht, daß jeder sündigt,	
Der immer noch gerüstet geht?	
Im Namen seiner Majestät	
Geh her und übergib dein Fell.	
Der Igel sprach: Nur nicht so schnell.	
Laß dir erst deine Zähne brechen,	
Dann wollen wir uns weiter sprechen!	
Und allsogleich macht er sich rund,	
Schließt seinen dichten Stachelbund	
und trotzt getrost der ganzen Welt,	
Bewaffnet, doch als Friedensheld.	
Wilhelm Busch	

23 Ein Männlein steht im Walde

Aufgabe 1: *Lies den Text aufmerksam.*

Ein Männlein steht im Walde, ganz still und stumm, es sagt nichts, es singt nicht, es schaut nur dumm rum. Wer weiß denn, wer es ist, das Männchen, das im Wald dumm rumsteht? Es hat ein grünes Jäcklein an, einen grünen Hut auf dem Kopf und einen Stock in der Hand.

Es ist natürlich kein Männlein, sondern ein richtiger Mann, der Förster, der in seinem Revier für Ordnung sorgt. Manche nennen ihn auch den Waldvogt. Ein Vogt verwaltete früher die Ländereien und das Eigentum des Fürsten. Heutzutage verwaltet der Förster die Wälder im Auftrag des Staates. Als Hüter des Waldes ist er auch darum bemüht, diesen sauber zu halten. So steht er auch nicht dumm herum, sondern still, und er beobachtet das Geschehen im Hochwald und auf seinen Zugangswegen. Am wenigsten mag er es, wenn der Lärm zu stark ist und die Tiere, die man auf Anhieb gar nicht sieht, verschreckt werden. Und er hasst es, wenn er etwas findet, das da nicht hingehört: Papier, Plastiktüten, Dosen, Flaschen, Becher, leere Zigarettenschachteln und Kippen, jede Art von Abfall.

Heute scheint hier in der Hatzengrün wieder viel los zu sein. Es ist zwar Vormittag, aber etliche Gruppen von Müttern mit Kleinkindern und Kinderwagen sind unterwegs Richtung Kinderspielplatz. Die Grundschule hat Wandertag und so marschieren einige Klassen zum Waldlehrpfad und zum Abenteuerspielplatz mit seinen Geräten und Unterständen aus Holz. Die jungen Mütter ziehen plappernd und diskutierend an dem Waldhüter vorbei, ohne ihn zu sehen. Auf dem unteren Waldweg lärmt eine Klasse vorbei, keine Lehrkraft weit und breit. Zwei Dosen fliegen in hohem Bogen ins Gebüsch, eine Plastiktüte mit Inhalt hinterher. Zwei Buben heben Stöcke auf und bekämpfen sich damit. Einen trifft ein Hieb auf den Oberschenkel und er heult laut auf. Drei Mädchen versuchen sich singend zu übertreffen. Der Förster kann das Lied nicht erkennen, obwohl er sich für die aktuellen Charts interessiert. Eine Gruppe reißt Äste und Ästchen von den jungen Pflanzen und wirft sie danach achtlos weg.

Jetzt ist es für den Waldhüter an der Zeit, dass er eingreift. Er stakst den Abhang hinunter, baut sich vor der Klasse auf und wartet, bis alle Schüler zu ihm aufgeschlossen haben. Wie es seine Art ist, fängt er aber nicht an zu schimpfen und zu brüllen, sondern er appelliert an die Vernunft und das Verständnis der Kinder. „Warum habe ich euch wohl aufgehalten?“, will er wissen. Und gleich ist ihnen ihr Fehlverhalten bewusst. Im Rundgespräch wird ihnen nochmals richtiges Verhalten im Wald klargemacht. Endlich keucht auch die Lehrerin heran und entschuldigt sich für ihre Langsamkeit und die Rasselbande, die über die Stränge geschlagen hat. Nachdem sich die Klasse einsichtig zeigt, bietet der Förster an, sie zu führen und die Schönheiten und die Wichtigkeit des Waldes zu erklären. Das wird gerne dankend angenommen. Und die Lehrerin verspricht eine besondere Nacharbeit: Die Schüler würden im Unterricht Schilder anfertigen, die auf das richtige Verhalten im Wald hinweisen.

Aufgabe 2: *Markiere alle Wörter, in denen ein „d“ und zugleich, aber woanders ein „t“ vorkommt. Markiere mit anderer Farbe alle Wörter, in denen „st“ vorkommt.*

Aufgabe 3: *Ordne die Wörter im Heft in eine solche Tabelle ein. (2 Wörter gehören in beide Spalten!)*

d“ und „t“ zugleich irgendwo im Wort	„st“ irgendwo im Wort

24 Wörter mit „d“ oder „t“ am Ende

Aufgabe 1: *Finde im Suchsel möglichst alle 55 Wörter mit „d“ oder „t“ am Ende (Ä=AE; Ö=OE; Ü=UE). Ordne sie im Heft in einer Tabelle mit 2 Spalten.*

D	O	N	N	E	R	N	G	E	W	E	I	H	T	E	R	A	D	U	Z
U	N	W	I	L	D	G	B	L	A	N	D	F	I	H	A	N	D	J	P
C	H	A	R	T	I	E	L	A	N	P	B	G	E	U	N	U	D	I	E
K	A	L	T	I	R	R	U	N	D	A	U	E	R	N	D	A	N	I	L
E	B	D	I	K	T	A	T	T	A	B	N	H	E	D	W	E	I	L	E
N	E	I	D	G	H	E	M	D	B	A	D	T	O	R	M	I	L	D	F
B	N	S	I	E	H	T	U	H	U	L	O	M	O	N	A	T	O	D	A
U	D	C	O	H	A	G	L	U	N	D	A	U	N	E	C	P	T	A	N
E	M	H	B	E	L	E	I	B	T	I	N	T	R	L	H	U	T	S	T
F	H	I	E	M	A	S	E	E	B	E	L	I	E	B	T	G	E	S	B
F	E	L	D	M	G	C	D	I	N	G	D	R	I	E	Z	E	L	T	I
E	L	D	I	T	E	H	A	L	T	E	E	R	Z	E	U	L	K	E	L
L	D	A	L	S	O	W	E	R	T	D	F	R	E	U	N	D	U	I	D
Z	A	H	L	B	L	I	N	D	O	U	B	A	N	D	D	G	R	L	N
O	N	E	S	T	A	N	D	R	B	L	O	E	D	I	N	G	S	E	I
N	N	G	R	U	N	D	K	I	N	D	E	R	B	R	A	N	D	N	S

Ergebnis: Von den 55 Wörtern habe ich ______ gefunden. Das finde ich ________________ (sehr gut, gut, okay, nicht so toll).

Aufgabe 2: *Löse die Wörterschlange auf und notiere die einzelnen Wörter.*

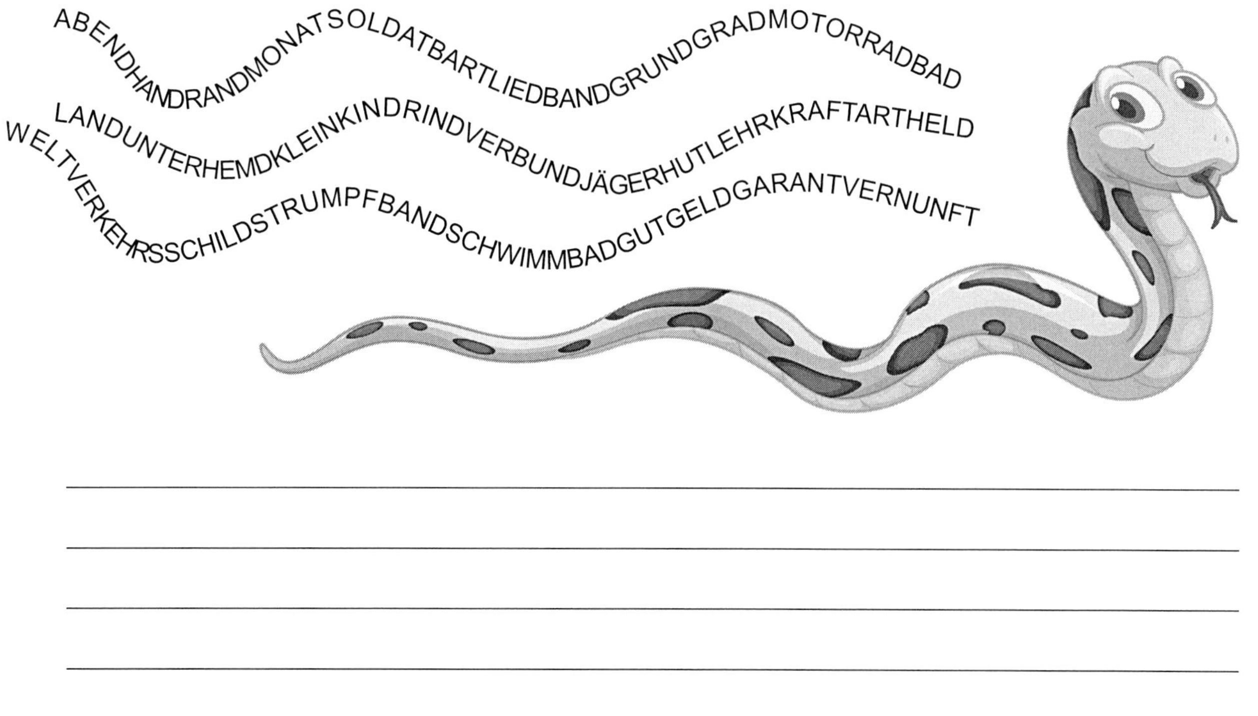

____

____

____

____

____

Lückenfüller Deutsch / Klasse 6
Aufgaben für flotte Schüler – Bestell-Nr. 12 459
KOHL VERLAG

25 Wortfeld „sagen – sprechen“

Aufgabe 1: *Löse die Wörterschlangen auf.*

a) glucksenlallenlabernpalavernplappernräuspernschreien

____

b) verneinenschwätzenanhauenpetzenkrächzenausrufenstottern

____

c) tröstenerkundigenplanenbeleidigenbetenbittenbehauptenklagen

____

Aufgabe 2: *Schreibe die Rückwärtswörter richtig auf.*

a) nletteb, nereilukitra, neder, nerälkre, nretuälre, nretröre

____

b) neniem, nretsülf, nrepsiw, neierhcs, nebierhcseb, nethcireb

____

c) nebualre, neknad, nedalnie, nehcstauq, nlessauq, negiderp

____

Aufgabe 3: *Schreibe die Verben zu Ende.*

bemer__________,	kla__________,	jam__________,	angif__________,
krei__________,	aussp__________,	ru__________,	vernei__________,
beja__________,	entgeg__________,	erwi__________,	einsa__________,
ermu__________,	heu__________,	ange__________,	brü__________,
wim__________,	erzä__________,	lac__________,	fle__________,
empf__________,	verbie__________,	anbe__________,	beru__________,
kich__________			

Aufgabe 4: *Fülle das Suchsel mit einigen der obigen Verben oder auch anderen und lasse es von einem/r Partner/in lösen.*

26 Bukephalos – Steigerung von Adjektiven (Blatt 1)

Aufgabe 1: *Lies die Geschichte von dem jugendlichen Alexander und seinem berühmten Kriegspferd. Erzähle dann die Begebenheit mit eigenen Worten nach.*

Pella, Makedonien, 20. Juli 356 v. Chr., Alexander wird geboren, der Sohn des Makedonen-Königs Philipps II. Philipp war ein großer Pferdeliebhaber, der immer die schönsten, besten, schnellsten Tiere besitzen wollte. Aus diesem Grund wurden ihm die bestausgebildeten und prächtigsten Pferde zugeführt.

Bei einer Verkaufsvorführung durch Philonikos, einer der bekanntesten und berühmtesten Pferdehändler Thessaliens, war auch der Königssohn anwesend, der schon in seinen jungen Jahren ein anerkannter Kämpfer und Reiter war. Nachdem der König die besten Pferde gekauft hatte, präsentierte ihm der Händler als Höhepunkt noch einen schwarzen Hengst, ein Pferd wie es Philipp noch nie gesehen hatte. Der Preis dafür stand bei 13 Talenten, eine Summe, die gereicht hätte, um 1500 Soldaten einen ganzen Monat bezahlen zu können. Natürlich war der König neugierig und ließ sich das vorführen. Mit Mühe brachten die Stallknechte den Hengst auf die Reitbahn, wo er bockte und sich auch störrisch jedem Reitversuch verweigerte. Jeden seiner besten Reiter warf er ab, worüber König Philipp nicht erfreut war.

Ihm gefiel das prächtige Pferd sehr, aber was sollte er mit einem Tier, das nicht zu reiten war. Also wollte er das Angebot des Händlers zurückweisen. Doch sein jugendlicher Sohn überzeugte ihn den Hengst doch zu kaufen, denn er würde ihn zähmen und reiten. Der erstaunte Vater ließ sich überreden und Alexander ging ruhig auf das Pferd zu, das immer noch scheute und von den Helfern gehalten wurde. Der Junge war überzeugt erfolgreich zu sein, erfolgreicher als die Reiter des Königs. Er hatte nämlich den Hengst aufmerksam beobachtet und festgestellt, dass dieser keine Scheu vor den Männern hatte, sondern vor seinem eigenen Schatten, den die Sonne warf. Bei jeder Bewegung bewegte sich der Schatten, und davor hatte der Hengst Angst.

26 Bukephalos – Steigerung von Adjektiven (Blatt 2)

Aufgabe 1: *Lies weiter.*

Also drehte Alexander ihn so, dass er die Sonne vor sich hatte und keinen Schatten sehen konnte. Auf der Stelle beruhigte er sich, der Königssohn führte und sprach beruhigend auf ihn ein, bis er sich reiten ließ. Mit der Zeit konnte Alexander das Pferd zähmen, ausbilden und zu einem verlässlichen Partner machen, der ihn auf allen seinen Feldzügen begleitete. Das hört sich einfacher an, als es wirklich war. Kaum eine Aufgabe vorher war härter. Niemand als Alexander konnte den Hengst reiten. Er nannte ihn Bukephalos, was Ochsenköpfiger heißt, denn er hatte am Kopf ein weißes Mal, das wie ein Ochsenschädel aussah.

Bukephalos war ein treues Schlachtpferd und ein Freund, der Alexander länger und weiter begleitete als jedes andere Ross. Es ging mit ihm durch Dick und Dünn und trug ihn in allen Schlachten. Der Hengst starb nach einer Kampfverletzung mit etwa 30 Jahren in Indien. In Erinnerung an ihn gründete Alexander dort die Stadt Bukephala, heute mit anderem Namen in Pakistan liegend. Überliefert hat die Erzählung der Geschichtsschreiber Plutarch, der sich wiederum auf andere Geschichten bezog. Sichere Informationen zur Rasse, Farbe, Zeichnung und Geschlecht des Pferdes bestehen keine, trotzdem wurden Bukephalos zu Ehren zahlreiche Denkmäler errichtet, wie z.B. in Thessaloniki, Neapel und in Rom.

Aufgabe 2: *Bringe das Foto in Verbindung mit der Geschichte von Bukephalos.*

Aufgabe 3: *Beschreibe die beiden Pferdszenen hier und auf Blatt 1. Was stellen sie dar? Welchen Eindruck machen die Abbildungen auf dich? Finde einige Eigenschaften für das Pferd und seinen Reiter.*

Aufgabe 4: *Um Pferd, Händler und andere genauer zu beschreiben, werden Vergleiche bemüht. Komparative und Superlative von Adjektiven werden dazu verwendet. Markiere sie im Text und schreibe sie geordnet in die Tabelle in dein Heft .*

Adjektiv	Komparativ = 1. Vergleichsstufe	Superlativ = Höchststufe
groß	größer	am größten
...	...	...

Aufgabe 5: *Bilde auch von folgenden Adjektiven die Vergleichsstufen in der Tabelle:*

einfach, neugierig, störrisch, aufmerksam, verlässlich, treu

Aufgabe 6: *Überlege dir weitere vier Beispiele und trage sie ein.*

27 Deutsche Stadien – Bindestrichschreibweise

„Wie eine Trutzburg thront es über der Stadt. Schon von weitem aus allen Himmelsrichtungen sichtbar, ist es ein Symbol für die höchst emotionale Aussagekraft des Fußballs in dieser Region. Das Fritz-Walter-Stadion in Kaiserslautern. Hier war über Jahrzehnte großer Fußball zu Hause, beim Sommermärchen 2006 als eines der WM-Stadien sogar die Welt.“

(Text: Wikipedia)

Aufgabe 1: *Wie heißt diese Fußballstätte?* ______________________________

Aufgabe 2: *Erkläre, wie der Stadionname zusammengesetzt (geschrieben) wird.*

Aufgabe 3: *Diese Stadien erhielten die Namen von Männern, die für die Städte wichtig waren. Schreibe unter die Bilder, wie jeweils Stadion und Stadt heißen.*

a) Max

b) Rudolf

c) Hans

d) Georg

e) Carl

f) Rudolf

Anfang 2004 bekam das Stadion in Hannover den Namen des hannoverschen Gastronomen Rudolf Kalweit. Er gehörte der Arminia Hannover seit 1925 an und hatte der Jugend des Vereins ein Millionenerbe hinterlassen.

Hans Walter Wild war vom 1. Mai 1958 bis zum 30. April 1988 Oberbürgermeister der Stadt Bayreuth.

Carl Friedrich Benz war ein deutscher Ingenieur und Automobilpionier. Sein Benz-Patent-Motorwagen Nr. 1 von 1885 gilt als erstes praxistaugliches Automobil.

Max Morlock absolvierte bei seinem Verein 1. FC Nürnberg von 1945 bis 1963 in der Oberliga Süd 451 Spiele und erzielte 286 Tore.

Rudolf Harbig war deutscher Leichtathlet, vor allem Mittelstreckenläufer. 1936: Deutscher Meister und Bronze bei den Olympischen Spielen in der 4-mal-400-m-Staffel. 1939: 4 Weltrekorde.

Georg Gaßmann war von 1951 bis 1970 Oberbürgermeister von Marburg und Abgeordneter des Hessischen Landtags.

Aufgabe 4: *Suche weitere Stadiennamen und notiere sie.*

28 Berühmte und bekannte Frauen und Männer

Nach Menschen, die Besonderes vollbracht haben oder die für eine Stadt wichtig sind, werden oft Straßen benannt.

Aufgabe 1: *Ordne die Straßennamen den Beschreibungen zu, als Lösungswort ergibt sich eine Person, nach der oft Straßen benannt werden.*

1	Sophie-Scholl-Straße	Z	1819-1896, deutsche Pianistin, Komponistin und Klavierprofessorin
2	Käthe-Kollwitz-Straße	M	1921-1943, deutsche Studentin und Widerstandskämpferin gegen den Nationalsozialismus, wurde wegen ihres Engagements in der Widerstandsgruppe „Weiße Rose" mit ihrem Bruder Hans hingerichtet.
3	Clara-Schumann-Straße	A	1891-1942, deutsche Philosophin und Frauenrechtlerin jüdischer Herkunft, 1922 durch die Taufe in die katholische Kirche aufgenommen, Opfer des Holocaust, gilt als Brückenbauerin zwischen Christen und Juden.
4	Edith-Stein-Straße	T	1854-1915, deutscher Mediziner und Forscher, ermöglichte die Diagnose zahlreicher Blutkrankheiten, begründete die moderne Chemotherapie, war entscheidend an der Entwicklung des Heilserums gegen Diphtherie beteiligt, Nobelpreisträger.
5	Robert-Koch-Straße	R	1843-1910, deutscher Mediziner, Mikrobiologe und Hygieniker, entdeckte die Erreger des Milzbrands und der Tuberkulose, Nobelpreisträger.
6	Paul-Ehrlich-Straße	O	1867-1945, deutsche Grafikerin, Malerin und Bildhauerin, eine der bekanntesten deutschen Künstlerinnen des 20. Jahrhunderts.

Lösung:

1	2	3	4	5	6

Aufgabe 2: *Benenne Straßen, Wege, Alleen und Plätze nach diesen Personen.*

Konrad Adenauer	
Ludwig van Beethoven	
Dr. Angela Merkel	
Angelika Milster	
Bürgermeisterin Caroline Graf	
Prof. Ralf Müller	

Aufgabe 3: *Notiere einige Straßennamen aus deinem Ort.*

____

____

29 Ortsdurchfahrt gespeert!!!

> Der „lange e-Laut“ kann auf verschiedene Weise geschrieben werden:
>
> **e - eh - ee**

Aufgabe 1: *Ergänze jeweils richtig*

T__ • Kaff__ • S__gurke • R__ • B__ren • Gew__r • Bequ__mlichkeit • Sch__re •
Blumenb__t • Himb__ren • D__mut • Glückskl__ • S__schlitz • schw__r •
T__rstraße • Geb__t • S__le • Überqu__rung • S__mannsgarn • S__schlitz •
G__weg • R__genbogen • W__gkreuzung • R__gelwerk • Anl__gestelle •
M__lschwitze • Handg__l • S__gen • Bel__gschaft • Tr__tboot • Schn__gitter

Aufgabe 2: *Finde die Wörter heraus mit richtiger Schreibweise.*

die R_________ des Schiffes, • die neue An__________ für Ruderboote, •
5-blättriges Kl________ gefunden, • die B____________ der Firma ist in Kurzarbeit, •
ein prächtiger R____________ am Himmel, • die Tr__________ auf dem See, •
leckere K_____ zum Kaff___, • Gurken und Karotten aus dem Gem_________, •
eine neue Krimis_____ im Fernsehen, • der G_________ ist für Fußgänger da, •
unser Al_________ hat 24 Buchstaben, • Stefan Mross ist auf T________, •
M_____ zum Backen, • ein S_________ beim Fußballer, • ein Ko______ am Himmel.

Aufgabe 3: *Löse die Wörterschlange auf und ordne die Wörter in der Tabelle.*

REGENWOLKENSCHNEESCHAUFELWEGEKREUZUNGSEHVERMÖGEN
HEFEPILZGEWITTERWOLKEMEHRHEITGEGEND
SCHWERGEWICHTSEHSCHLITZBENEHMENSEEWEGLEGEHENNE

e	ee	eh

Aufgabe 4: *Suche selbst noch weitere Beispielwörter.*

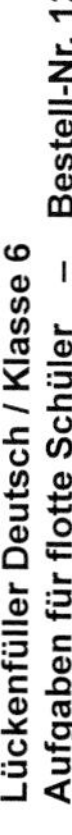

30 Das Rondo oder Rondell

Definition aus dem Fremdwörterlexikon: Ron | do

(das; –s, –s; Musik)

aus dem Rundtanz entstandenes Instrumentalstück, bei dem das Kernstück immer wiederkehrt

[ital., »Ringelgedicht, Rondo«]

Bei der Gestaltung eines Rondos sind folgende Vorgaben einzuhalten:

Der erste, dritte, fünfte, und siebte Vers sind gleich, ebenso der zweite und achte. Etwas kehrt also, wie die Definition aussagt, immer wieder. Der vierte und der sechste Vers können freier gestaltet werden. Es geht nur darum, dass alles zum Thema passt. Prüfe dies an den folgenden Gedichten nach.

Zwei Beispiele:

Ich rieche Düfte im Garten Es gibt leckere Torten Ich rieche Düfte im Garten Die Früchte sind gut Ich rieche Düfte im Garten Zum Trinken gibt es Säfte Ich rieche Düfte im Garten Es gibt leckere Torten	Ich höre Geräusche Geräusche von der Straße Ich höre Geräusche Ich höre lautes Hupen Ich höre Geräusche Ich höre Motorenlärm Ich höre Geräusche Geräusche von der Straße

Aufgabe 1: *Markiere oben in den beiden Rondos jeweils die Zeilen, die gleich sind, mit derselben Farbe.*

Aufgabe 2: *Stell dir vor, die beiden Figuren rechts reden abwechselnd. Fällt dir was auf?*

Aufgabe 3: *Schreibe im Heft dein eigenes Rondo. Das Thema liegt bei dir.*

31 Wir schreiben ein Elfchen – oder mehrere

Ein Begriff kommt dir in den Sinn? Mache ihn zum Oberbegriff und zum ersten Wort deines **Elfchens**. Die erste Zeile des Elfchens besteht nur aus diesem einen Begriff. Jetzt hast du noch zehn Wörter zu finden, die mit dem Begriff in Verbindung stehen und die du in weiteren vier Zeilen unterbringen sollst. Ein Elfchen besteht somit aus fünf Zeilen mit jeweils anderer Zahl von Wörtern, die da sind: 1 – 2 – 3 – 4 – 1.

Aufgabe 1: *Prüfe obige Gesetzmäßigkeit an diesem Elfchen nach.*

Zwiebackturm
knackige Teile
bröselnde Teile aufeinandergetürmt
Brösel auf dem Tisch
Nachmittagskaffee

Aufgabe 2: *Schreibe ein Elfchen zum folgenden Bild.*

____

________________ ________________

________________ ________________ ________________

________________ ________________ ________________ ________________

____

Aufgabe 3: *Schreibe nun selbst ein Elfchen zu einem Oberbegriff deiner Wahl. Mache dir erst eine Skizze oder suche ein Foto, wenn es dir hilft.*

Besprecht die Ergebnisse in der Gruppe. An welchen Stellen kannst du nachbessern? Hängt eure Dichtungen im Klassenzimmer aus.

Lückenfüller Deutsch / Klasse 6
Aufgaben für flotte Schüler – Bestell-Nr. 12 459
KOHL VERLAG

32 Das Haiku

Das **Haiku**-Gedicht wird als ein Höhepunkt der japanischen Dichtkunst angesehen. Für die Tradition Japans ist ein Bezug zur Jahreszeit wichtig. Bei uns hat sich die Form des Haiku bestehend aus einer bestimmten Abfolge von **Silben**zahlen durchgesetzt, und zwar aus

5 Silben,
7 Silben und
wieder 5 Silben.

Aufgabe 1: *Betrachte das Regenbogenbild und verteile die Silben dieses Haiku auf die Striche.*

Regenbogenpracht
Hinter einer Wolkenfront
Sonne Farben schafft

_____ _____ _____ _____ _____

_____ _____ _____ _____ _____ _____ _____

_____ _____ _____ _____ _____

Aufgabe 2: *Sammle jetzt selbst Wörter, dann versuche diese auf die Silbenstriche unten zu verteilen. Passt nicht? Einfach mit Wörtern spielen und tauschen.*

_____ _____ _____ _____ _____

_____ _____ _____ _____ _____ _____ _____

_____ _____ _____ _____ _____

Aufgabe 3: *Präsentiere nun deine Haiku in der Klasse (in einer Wand-, Klassen- oder Schülerzeitung)*

Aufgabe 4: *Erkläre das Prinzip eines Haiku nochmals anhand des folgenden.*

Kürbisse flüchten
Die Umrandung hält sie nicht
Lasse sie reisen

Aufgabe 5: *Erstelle ein weiteres Haiku.*

33 Das Tanka

Das **Tanka** ist ein mindestens 1300 Jahre altes japanisches Kurzgedicht, aus dem sich das Haiku entwickelte. Tanka wurden oft verwendet, um Anlässen einen würdigen Abschluss zu geben. Im deutschsprachigen Raum wird ein Tanka oft in der Form 5-7-5-7-7 Silben je Zeile entworfen. Dabei ist eine Gliederung in zwei Teile üblich: 5-7-5 als erster Teil (Oberstollen) und 7-7 als zweiter Teil (Unterstollen), wobei zwischen beiden Teilen eine Leerzeile stehen kann.

Aufgabe 1: *Setze das Tanka zum Bild links auf die Silbenzeilen.*

Eine Königin Eine Königin der Nacht Eine Pracht der Nacht Morgen schon wieder verblüht Schnell vergeht so das Leben

Aufgabe 2: *Versuche dich nun selbst an einem Tanka zu dieser Natursituation auf dem rechten Bild.*

Aufgabe 3: *Schreibe nun dein ganz eigenes Tanka – auch zusammen mit einem/r Partner/in, wenn gewünscht.*

Lückenfüller Deutsch / Klasse 6 – Bestell-Nr. 12 459
Aufgaben für flotte Schüler
KOHL VERLAG

34 Das Akrostichon

Das **Akrostichon** ist eine originelle Textart, bei der die Anfangsbuchstaben, ersten Silben oder ersten Wörter in aufeinanderfolgenden Zeilen, Versen oder Strophen eine Sinneinheit bilden. Die Anfangsbuchstaben z.B. von oben nach unten gelesen ergeben einen Sinn; hier einen Namen.

Aufgabe 1: *Hans Eigensinn könnte dieses Akrostichon links geschaffen haben. Beweise es, indem du farbig markierst.*

Heute ist einfach ein toller Tag
Alles klappte wunderbar
Nichts ging schief
Schöne Zeit
Etwas muss sich geändert haben
Ich strenge mich einfach mehr an
Genaueres Arbeiten ist angesagt
Eher aufstehen ebenfalls
Nachts nicht so lange fernsehen
Sauberes Arbeiten macht Spaß
Immer motiviert sein
Nicht locker lassen
Niemals aufgeben

Aufgabe 2: *Im Bild rechts ist ein Akrostichon aus der Bibel. Recherchiere die Bedeutung.*

Aufgabe 3: *Arbeite nun mit deinem Namen und bringe deine Eigenschaften, Hobbys, Wünsche, Erlebnisse o.ä. unter. Dann wähle eine andere Person.*

Aufgabe 4: *Ist dieser Text unten auch ein Akrostichon?*

Ich habe mich zwar vorbereitet,
Bin dann aber nicht gut drauf gewesen.
Kein Ergebnis einer Arbeit ist endgültig,
Schlechter als vorher hab ich mich gefühlt,
Schüler können sich aber verbessern.

Aufgabe 5: *Versuche dich doch auch einmal an so einem Textaufbau! Man muss nur etwas Geduld haben, an sich glauben und Spaß dabei haben.*

35 Zwei Gedichte von Christian Morgenstern

Christian Otto Josef Wolfgang Morgenstern (* 6. Mai 1871 in München; † 31. März 1914 in Untermais, Tirol) war ein deutscher Dichter, Schriftsteller und Übersetzer. Besonders bekannt wurde seine komische Lyrik.

Die drei Spatzen

In einem leeren Haselstrauch,
da sitzen drei Spatzen, Bauch an Bauch.

Der Erich rechts und links der Franz
und mittendrin der freche Hans.

Sie haben die Augen zu, ganz zu,
und obendrüber, da schneit es, hu!

Sie rücken zusammen dicht an dicht,
so warm wie Hans hat's niemand nicht.

Sie hör'n alle drei ihrer Herzlein Gepoch.
Und wenn sie nicht weg sind, so sitzen sie noch.

Fips

Ein kleiner Hund mit Namen Fips
erhielt vom Onkel einen Schlips
aus gelb und roter Seide.

Die Tante aber hat, o denkt,
ihm noch ein Glöcklein drangehängt
zur Aug- und Ohrenweide.

Hei, war der kleine Hund da stolz!
Das merkt sogar der Kaufmann Scholz
im Hause gegenüber.

Den grüßte Fips sonst mit dem Schwanz;
jetzt ging er voller Hoffart ganz
an seiner Tür vorüber.

Aufgabe 1: *Lies die beiden Gedichte öfter leise, dann ausdrucksstark vor.*

Aufgabe 2: *Welches der beiden Gedichte gefällt dir besser? Kannst du deine Wahl begründen?*

Aufgabe 3: *Erzähle den Inhalt der beiden Gedichte mit eigenen Worten.*

Aufgabe 4: *Lerne dein Gedicht auswendig. Beginne, indem du die Reimwörter unten einsetzt. Knicke dazu die oberen Gedichtkästen nach hinten und überprüfe später.*

Aufgabe 5: *Reimwörter einsetzen.*

Die drei Spatzen

In einem leeren ______________,
da sitzen drei Spatzen, Bauch an ______________.

Der Erich rechts und links der ______________
und mittendrin der freche ______________.

Sie haben die Augen zu, ganz ___________,
und obendrüber, da schneit es, ___________!

Sie rücken zusammen dicht an ___________,
so warm wie Hans hat's niemand ___________.

Sie hör'n alle drei ihrer Herzlein ___________.
Und wenn sie nicht weg sind, so sitzen sie _______.

Fips

Ein kleiner Hund mit Namen __________
erhielt vom Onkel einen ___________
aus gelb und roter ___________.

Die Tante aber hat, o _________,
ihm noch ein Glöcklein ______________
zur Aug- und ___________.

Hei, war der kleine Hund da __________!
Das merkt sogar der Kaufmann _________
im Hause ______________.

Den grüßte Fips sonst mit dem _________;
jetzt ging er voller Hoffart ____________
an seiner Tür ______________.

36 Zwei Gedichte von Joachim Ringelnatz

Joachim Ringelnatz (* 7. August 1883 in Wurzen als Hans Gustav Bötticher; † 17. November 1934 in Berlin) war ein deutscher Schriftsteller, Kabarettist und Maler, der vor allem für seine humoristischen Gedichte bekannt ist.

Die Schnupftabaksdose

Es war eine Schnupftabaksdose,
Die hatte Friedrich der Große
Sich selbst geschnitzelt aus Nußbaumholz.
Und darauf war sie natürlich stolz.

Da kam ein Holzwurm gekrochen.
Der hatte Nußbaum gerochen.
Die Dose erzählte ihm lang und breit
Von Friedrich dem Großen und seiner Zeit.

Sie nannte den alten Fritz generös.
Da aber wurde der Holzwurm nervös
Und sagte, indem er zu bohren begann:
„Was geht mich Friedrich der Große an!"

Ein Federchen flog durch das Land

Ein Federchen flog durch das Land;
Ein Nilpferd schlummerte im Sand.

Die Feder sprach: „Ich will es wecken!"
Sie liebte, andere zu necken.

Aufs Nilpferd setzte sich die Feder
Und streichelte sein dickes Leder.

Das Nilpferd sperrte auf den Rachen
Und musste ungeheuer lachen.

Aufgabe 1: *Lies die beiden Gedichte öfter leise, dann ausdrucksstark vor.*

Aufgabe 2: *Welches der beiden Gedichte gefällt dir besser? Kannst du deine Wahl begründen?*

Aufgabe 3: *Erzähle den Inhalt der beiden Gedichte mit eigenen Worten.*

Aufgabe 4: *Lerne dein Gedicht auswendig. Beginne, indem du die Reimwörter unten einsetzt. Knicke dazu die oberen Gedichtkästen nach hinten und überprüfe später.*

Aufgabe 5: *Reimwörter einsetzen.*

Die Schnupftabaksdose

Es war eine ____________________,
Die hatte Friedrich der ______________
Sich selbst geschnitzelt aus ______________.
Und darauf war sie natürlich ______________.

Da kam ein Holzwurm ________________.
Der hatte Nußbaum ______________.
Die Dose erzählte ihm lang und ____________
Von Friedrich dem Großen und seiner ________.

Sie nannte den alten Fritz ____________.
Da aber wurde der Holzwurm ____________
Und sagte, indem er zu bohren ____________:
„Was geht mich Friedrich der Große _______!"

Ein Federchen flog durch das Land

Ein Federchen flog durch das ________;
Ein Nilpferd schlummerte im __________.

Die Feder sprach: „Ich will es _________!"
Sie liebte, andere zu ____________.

Aufs Nilpferd setzte sich die __________
Und streichelte sein dickes __________.

Das Nilpferd sperrte auf den __________
Und musste ungeheuer ____________.

37 Das Gedicht *vor palma* von Jochen Vatter

Gedanken werden zu einem Gedicht. Bei einem Gedicht ist alles erlaubt. Auch Groß- und Kleinschreibung und Zeichensetzung können außer Kraft gesetzt werden.

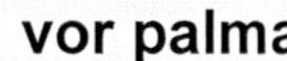

vor palma

es war vor palma de mallorca
da traf ein seepferchen nen orca
der orca wollte in des meeres weiten
einmal auf dem seepferd reiten
das pferd kam in des orcas naeh
doch wider erwarten, doch ojeh
der orca kam auf das pferd nicht rauf
drum gab er sein bemuehen auf
ja drum drum drum
probierten sie es anders rum
und siehe da, es mochte gluecken
das pferd schwang sich auf des orcas ruecken
und beide freuten sich so sehr
bei einem ritt uebers mittelmeer

Aufgabe 1: *Lies das Gedicht einige Male leise, dann laut und flüssig vor.*

Aufgabe 2: *Lies es ausdrucksstark vor.*

Aufgabe 3: *Welches Reimschema kannst du erkennen? Verwende bei der Notierung Kleinbuchstaben (a,b,c,d,e,f,g ...). Gleicher Reim bedeutet gleicher Buchstabe.*

Aufgabe 4: *Schreibe das Gedicht mit richtiger Groß-, Kleinschreibung und Zeichensetzung in Schönschrift auf. Markiere gleiche Reimwörter mit verschiedenen Farben.*

Aufgabe 5: *Lerne es auswendig.*

Lösungen

1 Adjektive veranschaulichen

Aufgabe 1:

-ig	-lich	-sam	-haft	-bar	-isch
wichtig	zugänglich	wirksam	zauberhaft	wunderbar	frisch
wohltätig	unwiderstehlich	furchtsam	wahrhaft	fruchtbar	typisch
zuverlässig	fröhlich	grausam	zaghaft	kostbar	komisch
prächtig	hässlich	folgsam	sagenhaft	sonderbar	musisch
witzig	überschwänglich	einfühlsam	märchenhaft	furchtbar	klassisch
geistig	vergänglich	aufmerksam	fabelhaft	scheinbar	hessisch
putzig	köstlich	wachsam	vorteilhaft	denkbar	spöttisch
schmalzig	höflich	strebsam	rätselhaft	dankbar	heimisch
zuverlässig	handlich	langsam	ehrenhaft	sichtbar	heidnisch
warmherzig	friedlich	einsam	flatterhaft	fühlbar	heuchlerisch

Aufgabe 2: starkes, plumpe, vertrauliche/ernste, ernst, taube, heller, bitteren, nass/feucht, hässliches, ernste, erfreuliche, faszinierender, großzügige, liebevollen, zauberhafte

Aufgabe 3: bewusstlos, farblos, gedankenlos, fristlos, formlos, wahllos, folgenlos, freudlos, grundlos, geräuschlos, gehörlos, herzlos, kampflos, kostenlos, lustlos, lautlos, mutlos, nahtlos, nutzlos, pausenlos, parteilos, ratlos, reglos (regungslos), sorglos, schamlos, schuldlos, tadellos, tatenlos, trostlos, wolkenlos, ahnungslos

Aufgabe 4: schmal + Lippe = schmallippig, breit + Schulter = breitschultrig, eng + Stirn = engstirnig, hart + Herz = hartherzig, jung + Frau = jungfräulich, kalt + Blut = kaltblütig, blau + Auge = blauäugig, schön + Geist = schöngeistig, rau + Haar = rauhaarig, Feder + leicht = federleicht, bettelarm, handwarm, strohdumm, zentnerschwer, feuerfest, rabenschwarz, blutjung, schneeweiß

Aufgabe 5:

Preis	verdächtig	Aal	glatt	Kugel	rund
Bär	stark	Knall	hart	Haus	hoch
Gold	richtig	Haar	klein	Maus	grau
Pudel	nass	Bienen	fleißig	Kinder	freundlich
Staub	trocken	Turm	hoch	Wiesel	flink
Sau	stark	Baum	hoch	Wert	voll

2 Nachschlagen üben

Aufgabe 1: A B C D E F G H I J K L M N O P Q R S T U V W X Y Z

Aufgabe 2:
NOP QRS TUV — efg hij klm — PQR STU VWX
mno pqr stu — IJK LMN OPQ — abc def ghi

Aufgabe 3: ehrenamtlich, Ehrenbürger, ehrenhalber, ehrenrührig, Ehrerbietung, Ehrfurcht, ehrfurchtsgebietend, Ehrgefühl, ehrgeizig, Ehrlichkeit, Ehrung, ehrverletzend

Aufgabe 4:
Nomen: Ehrenbürger, Ehrerbietung, Ehrfurcht, Ehrgefühl, Ehrlichkeit, Ehrung
Verben: keines dabei
Adjektive: ehrenamtlich, ehrenhalber, ehrenrührig, ehrfurchtsgebietend, ehrgeizig, ehrverletzend

Aufgabe 5: lfd. – laufend, v. Chr. – vor Christi, HBF – Hauptbahnhof, m.E. – meines Erachtens, vgl. – vergleiche, ggf. – gegebenenfalls, ca. – circa, z.B. – zum Beispiel, Anm. – Anmerkung

Aufgabe 6: individuelle Lösungen

Aufgabe 7: franz. = französisch, engl. = englisch, griech. = griechisch

Aufgabe 8: Individuelle Lösungen

Aufgabe 9: Fein|wasch|mit|tel Le|ber|blüm|chen Le|gen|den|bil|dung Pa|la|din Oze|lot Seel|sor|ge Se|di|ment Te|le|mark|auf|sprung

Lösungen

2 Nachschlagen üben

Aufgabe 10:

der Ozean – die Ozeane | die Paillette – die Pailletten | die Sinfonie – die Sinfonien

der Siphon – die Siphons | der Wiedehopf – die Wiedehopfe

Aufgabe 11:

der Zement – des Zement(e)s | das Darlehen – des Darlehens
das Konto – des Kontos | der Fulgurit – des Fulgurits

Aufgabe 12:

Fundraising: Spendensammeln (für wohltätige Zwecke)
Klause: Klosterzelle, Einsiedelei; Talenge
Klausel: Nebenbestimmung, Einschränkung, Vorbehalt
Reede: Ankerplatz vor dem Hafen
regenerieren: erneuern, sich neu beleben
Einbeere: eine Giftpflanze

3 Wörterbucharbeit

Aufgabe 1:

a) Attest, Kurve, Handtuch, Schürze, Teer, Blättersammlung, Mehrheit, Gebirge, Betäubung, berühren (wegen ü=u gilt 1.beruhi, 2. berühm, 3. berühr), Daumen, Einband, Desktop, Etikett, Gezeiten, Gestüt

b) Gips, herbei, Heuschrecke, heftig, Käse, knallen, Lotterie (wegen ö=o gilt 1. Lot, 2. Löw), Pedal

c) perfekt, Park, Rate, quetschen, Schlamassel, scheußlich, Vergissmeinnicht, Zylinder

Aufgabe 2:

Vorlage	Vormittag	Vormund	Vorsicht
Aufenthalt	Aufstand	Aufstieg	Auftakt
Denkmal	Duftmarke	Mahnmal	Merkmal
Eckball	Empfänger	Erbe	Fußball
Datum	Dauer	Dummkopf	Trinkhalle
Fahrplan	Fahrrad	Führerhaus	Fuhrpark
Volk	Völkerball	Volleyball	Vorderrad
Ballhalter	Balltreter	Bauhaus	Behälter
Bratapfel	Bratwurst	Brotbehälter	Brotbeutel
Zaunkönig	Zaunlatte	Zugfahrt	Zugschaffner

Aufgabe 3: Individuelle Lösungen

4 Frau Amsel ist zutraulich

Aufgabe 1+2:

Hallo Bernd,

ich weiß nicht, ob ich dir schon einmal von unserer Amsel erzählt habe, die wir im Winter gefüttert haben. Sie wurde ja so zutraulich, dass sie mir fast schon aus der Hand gefressen hat.

Die Amsel wartete jeden Morgen beim Frühstück schon auf der Mauer neben der Terrasse auf das Futter. Und dann kam auch das Männchen hinzu. Das war am Anfang scheuer, aber dafür ist es jetzt umso frecher. Doch irgendwie ist jetzt das Weibchen etwas scheuer geworden – vielleicht aus Sicherheitsgründen, weil es brütet. Man sieht auch, wie die Amseln zurzeit ihre Revierkämpfe austragen. Wenn unsere zwei Amseln manchmal nicht gleich alles auffressen, kommt gelegentlich eine andere – aber die bleibt nicht lange, die wird sofort aus dem Revier vertrieben.

Heute war es so schön, da habe ich die Solarlämpchen für den Garten auf der Terrasse gesäubert und wieder in Ordnung gebracht. Und als ich so am Tisch saß, kam auf einmal das Weibchen, setzte sich vor mir auf den Tisch und schaute mich so an, als wollte sie sagen: „Wo ist denn das Futter?" „Selbstverständlich hole ich dir das Futter gleich", beruhigte ich sie. Sofort flog sie auf die Mauer und wartete wieder, bis ich mit dem Futter (Rosinen und Haferflocken) zurückkam. Und dann kam wieder die vertraute Szene – ohne Angst und in Ruhe hat sie neben mir alles aufgefressen.

Lückenfüller Deutsch / Klasse 6
Aufgaben für flotte Schüler – Bestell-Nr. 12 459

Lösungen

5 Amselfütterung

Aufgabe 1: Individuelle Vorschläge.

Aufgabe 2+3: Die **Amselgeschichte** geht aber noch weiter. Unsere **Terrasse** ist 2,50 m zurück ins Haus versetzt. Wenn **wir** im Esszimmer frühstücken, kommt das **Amselweibchen** an das Fenster und pickt mit dem Schnabel gegen das Glas, als wolle **es** sagen: „Kommt schon endlich und gebt mir was!" Selbstverständlich stehe ich dann auf und bringe ein paar Rosinen und Haferflocken hinaus. In einem sicheren Abstand zwischen 30 und 50 cm pickt **es** die Mahlzeit auf. Einfach toll. Nachdem **es** ja mittags schön warm ist, essen **wir** auf der Terrasse und nachmittags trinken **wir** dort Kaffee. Dann setzen sich meistens auch die **beiden Amseln** auf die Terrassenmauer und warten auf Futter. Auf meinem Spaziergang durch den Garten hüpfen **sie** in sicherem Abstand neben mir her – einfach toll. Und wenn **ich** den Garten gieße und die **Amseln** hüpfen so neben mir, dann richte **ich** manchmal auch die Brause auf sie. Naja, das wollen **sie** scheinbar nicht so unbedingt, **sie** fliegen aber nicht weg, sondern hüpfen einfach nur auf die Seite.

Aufgabe 4: Beispiele: Gartenmauer, Gartenschlauch, Gartenbeet, Blumengarten, Erdbeerbeet, Wintergarten, Gemüsegarten

Aufgabe 5: Beispiele: auf der Hecke, im Baum, auf dem Ast, hinter der Vogelscheuche, im Wassergraben, auf dem Gartenhäuschen, im Mistbeet etc.

6 Das Gedicht *Der Zaunkönig* von Joachim H. Campe

Aufgabe 3: Individuelle Erzählung

7 „Auf alle Fälle" in jedem Satz

Aufgabe 1:

	Fragewort	Fall
Hanni ruft **Petra** jeden Tag an.	wen	4.
Petra sucht **ihr Handy**.	wen/was	4.
Auch Petra hilft **ihrer älteren Schwester**.	wem	3.
Betty leiht sich **Susis** Handy oft aus.	wessen	2.
Jeder Hund braucht **seinen eigenen Fressnapf**.	wen/was	4.
Gib **dem Hund** endlich seinen Fressnapf.	wem	3.
Gib auch Lupi **seinen Napf**.	wen/was	4.
Bring doch **einen zweiten Knochen** mit.	wen/was	4.
Wer will schon lustige **Handwerker** sehn?	wen	4.
Fleißige Handwerker bauen **das neue Haus**.	wen/was	4.
Dabei hilft der Meister **dem Azubi**.	wem	3.
Auch jeder Geselle nimmt sich **seiner** an.	wessen	2.
Übermorgen kommt Hansi zu **dir**.	wem	3.
Seine Freundin kommt wahrscheinlich auch mit.	wessen	2.
Sie werden ihre neuen **Räder** mitbringen.	wen/was	4.
Lisas Rad ist das älteste.	wessen	2.
Du sollst **den Tag** nicht vor dem Abend loben.	wen/was	4.
Jemandem auf den Leim gehen.	wem	3.
Du scheinst **ein Brett** vor dem Kopf zu haben.	wen/was	4.
Heinz zeigt **dir** schon wieder den Vogel.	wem	3.
Lies bitte einmal **deine Geschichte** vor.	wen/was	4.
Macht zu der Dokumentation einige **Notizen**.	wen/was	4.
Stelle wichtige **Informationen** zusammen.	wen was	4.
Zeige **mir** deine Hausaufgabe.	wem	3.
Tanjas Bericht ist heute der beste.	wessen	2.
Tauscht eure **Ergebnisse** bitte wieder aus.	wen/was	4.
Alle klatschten nach euren **Ausführungen**.	wem/was	3.
Ich denke, dass auch **Susis** Arbeit sehr gut ist.	wessen	2.
Mutti hat eine leckere **Kürbissuppe** gekocht.	wen/was	4.
Heute gelang sie **ihr** aber nicht so richtig.	wem	3.
Deshalb schüttete sie **sie** weg.	wen/was	4.
Aber sie versucht **es** sicher noch einmal.	wen/was	4.

Lösungen

8 Jeder Satz braucht einen Satzgegenstand

Aufgabe 1:

Mutti wollte eine leckere Suppe kochen.
Sie gelingt ihr aber heute nicht so richtig.
Also schüttet **sie** sie weg.
Und **sie** versucht es noch einmal.
Morgen wird **Hans** mitkommen.
Pauls **Freundin** kommt auch mit.
Wir nehmen auch unsere neuen Räder mit.
Das älteste **Rad** gehört Thomas.
Du sollst den Tag nicht vor dem Abend loben.
Nie wieder gehe **ich** dir auf den Leim.
Du scheinst schon wieder ein Brett vor dem Kopf zu haben.
Heinz zeigt mir schon wieder einen Vogel.
Ich will keine lustigen Handwerker sehn.
Fleißige bauen das neue Haus.
Der neue **Meister** hilft dem Azubi.
Seiner nimmt sich auch ein alter **Geselle** an.
Das ging ja ziemlich schnell.
Thomas brauchte etwa 30 Minuten.
Er erzählte freudig vom gemeinsamen Schwimmbadbesuch.
Papa berichtete von seiner Arbeit in der Firma.
Papa hört nicht aufmerksam zu.
Er arbeitet nämlich in der Küche weiter.
Er muss dort ja das Essen fertig stellen.
Die ganze **Familie** wartet im Esszimmer.
Warum geht **ihr** nicht in die Schule?
Wohin gehen **wir**, um den Film anzusehen?
Wieso fragst **du** mich und nicht ihn?
Wozu der ganze **Aufwand**?
Wozu dient das **Treffen** mit deiner Lehrerin?
Wann hast **du** deine nächste Schulaufgabe?
Wie nahmen deine **Eltern** die Nachricht auf?
Wo arbeitet ein **Architekt**?

Aufgabe 2: Individuelle Vorschläge.

9 Bilder und Redensarten

Aufgabe 1:

etwas aus dem Hut zaubern 10 auf dem Holzweg sein 14 mundtot machen 2
alle Ketten sprengen 5 auf den Zahn fühlen 1 sich das Gehirn zermartern 6
Licht am Ende des Tunnels sehen 11 zum Kern vordringen 4
den Gürtel enger schnallen 8 Luftsprünge machen 7 die Würfel sind gefallen 3
etwas die richtige Würze geben 12 im Herbst des Lebens 9 die Hand reichen 13

Aufgabe 2:

1	2	3	4	5	6	7	8	9	1	2	3	4	5	6	7	8	9	1	2	3	4	5	6	7	8	9
K	L	U	G	H	E	I	T	I	S	T	S	O	G	A	R	I	M	S	C	H	W	Ä	T	Z	E	N

10 „das“ oder „dass“

Aufgabe 2: Toll, **dass** ich an deiner Party teilnehmen darf! Schön, **dass** ich auch meine neue Freundin mitbringen durfte. Weißt du, **das** Mädchen ist ganz nett. Ich hätte nicht gedacht, **dass** auch unsere französischen Freunde kommen würden. **Das** ist schön von ihnen. Ich glaube, besonders **das** blonde Mädchen scheint es dir angetan zu haben. Ich nehme an, **dass** du gerne mal mit den Franzosen reden möchtest. Schau mal nach rechts, dort steht **das** Pärchen, **das** wir gestern getroffen haben. Ich denke, **dass** sie so ziemlich die besten Tänzer hier sind. Du siehst **das** sicher auch so.

Lösungen

10 „das" oder „dass"

Aufgabe 3:

	Artikel	Relativpronomen	Demonstrativpronomen	Präposition	Konjunktion
Gibst du mir bitte das Buch?	x				
Es ist gut, dass du da bist.					x
Das Rad, das sie kaufte.		x			
Dad hatte das auch geglaubt.			x		
Mami freute sich, dass du ihr geholfen hast.					x
Das Taxi, in das du eingestiegen bist.				x	

Aufgabe 4: Individuelle Lösungen

Aufgabe 5: Die Röcke im Kleiderständer waren für Mandy viel zu teuer, so dass sie vom Verkauf absah. Dass ihm einmal das Geld ausgehen könnte, (das) hätte Thomas nie gedacht. Dass er pleite war, sagte er seiner Freundin nicht. Das wäre für sie enttäuschend gewesen. Das Schlimmste aber wäre gewesen, wenn auch sie jetzt kein Geld mehr gehabt hätte, das kannst du glauben. Also nahm sie eine türkisfarbige Jeans, die viel billiger war. Das Top gefiel ihr auch recht gut. Aber dass sie einmal Türkis gut finden würde, hätte sie sich noch vor zwei Wochen nicht vorstellen können.

Aufgabe 6: Richtig sind: 1) und 5).

Aufgabe 7: Ich bedauere, **dass** ich **das** mit ansehen musste. Ich bedauere **das** Unglück. Ich behaupte, **dass** die Wette geklappt hätte, wenn **das** Feuer nicht ausgegangen wäre. Ich freue mich, **dass** ich **das** mit ansehen durfte. Wer hätte gedacht, **dass** die Wette misslingen würde. **Das** war schon eine tolle Idee! Ich will aber betonen, **dass** mir der Unfall in der Sendung sehr Leid tat. **Das** hätte nicht passieren dürfen. Wer hätte **das** gedacht, **dass** so etwas passieren könnte. Ich denke es war richtig, **dass** die Show nach dem Unfall abgesetzt worden ist. Ich verspreche, dir **das** Ereignis in der Mediathek zu zeigen, wenn **das** Material dort noch verfügbar ist.

11 „ent" oder „end"

Aufgabe 1+2:

End-: der Endkampf, die Endziffer, das Endergebnis, die Unendlichkeit, das Endstadium, der Endlauf, das Endlager, die Endsilbe, die Endabrechnung, das Endstück, der Endspurt, die Endrunde, der Endverbraucher, die Endzeit, das Endspiel, die Endzeile

Ent-: die Entschuldigung, der Entwurf, der Entschluss, die Entfernung, die Entzündung, die Entwarnung, die Entwässerung, die Entwicklung, die Entscheidung, die Entnahme, der Entfeuchter, die Entgiftung, der Entzug

12 Mittelwörter (Partizipien) der Gegenwart

Aufgabe 1: entsprechend, entwürdigend, packend, drohend, spielend, trinkend, weinend, helfend, sitzend, fahrend, lachend, singend, warnend, laufend, beschwichtigend

Aufgabe 2:

grinsen	grinsend	malen	malend	reisen	reisend
singen	singend	packen	packend	graben	grabend
essen	essend	schimpfen	schimpfend	brechen	brechend
gelingen	gelingend	drücken	drückend	schießen	schießend
purzeln	purzelnd	schauen	schauend	hüpfen	hüpfend

Aufgabe 3:

grinsen	gegrinst	malen	gemalt	reisen	gereist
singen	gesungen	packen	gepackt	graben	gegraben
essen	gegessen	schimpfen	geschimpft	brechen	gebrochen
gelingen	gelungen	drücken	gedrückt	schießen	geschossen
purzeln	gepurzelt	schauen	geschaut	hüpfen	gehüpft

Lösungen

12 Mittelwörter (Partizipien) der Gegenwart

Aufgabe 4: der röhrende Hirsch, der rauchende Kamin, das hoppelnde Häschen, der quakende Frosch, der fliehende Einbrecher, der sprechende Papagei, der singende Chor, der rasende Roland, eine marschierende Truppe, ein küssendes Pärchen, ein tobender Sturm, ein bellender Hund.

Aufgabe 5: Individuelle Beispiele

13 Satzarten vertiefen

Aufgabe 1:

	Aussagesatz	Ausrufesatz	Aufforderungssatz	Fragesatz
Aber ich mag dich doch.	x			
Ich will das aber nicht haben.	x			
Hallo, du bist aber gut!		x		
Wieso das denn?				x
Du bist ja auch ganz toll.	x			
Wer mag denn die da?				x
Du bist einfach ein ganz toller Bursche.	x			
Wer sagt denn eigentlich so etwas?				x
Sei doch bitte endlich etwas leiser!			x	
Wohin soll ich denn jetzt gehen?				x
Wer kommt denn heute noch dazu?				x
Wie groß du geworden bist!		x		
Magst du mich eigentlich noch?				x
Das ist doch der helle Wahnsinn!		x		
Willst du das nicht auch?				x
Jetzt bin ich aber ganz schön sauer.	x			
Wen von den beiden magst du lieber?				x
Lass das doch bitte endlich sein.			x	
Du sollst endlich damit aufhören!			x	
Gib mir doch bitte mal dein Matheheft!			x	
Wer ist hier sauer?				x
Meinst du das wirklich ernst?				x
Das wirst du dann schon sehen.	x			
Frag einfach nicht.			x	
Was ist das denn jetzt?				x
Du sollst das jetzt endlich lassen!			x	
Hört doch bitte auf damit!			x	
Wieso fragst du erst jetzt?				x
Frage doch Papa.			x	
Ich möchte das einfach einmal probieren.	x			

Lösungen

14 Jeder Satz braucht eine Satzaussage

Aufgabe 1:

Susi und Strolch **spielen** im Garten.
Wohin **gehen** Thomas und Karli?
Jonas und Lilly **gehen** spazieren.
Herr Scheuer **liest** jeden Morgen etwas vor.
Kennst du Anna und ihre Schwester?
Kennen sie mich auch?
Ich **kenne** sie schon sehr lange.
Kennt sie deine Eltern auch?
Geht es Mutti schon besser?
Gestern **war** die Lage noch schlechter.
Hoffentlich **wird** es morgen besser sein.
Morgen **kommt** auch Mama wieder.
Dort drüben **laufen** meine Freunde.
Sie **wollen** meine Schwester **treffen**.
Sie **kommt** gerade aus dem Kaufhaus.
Zusammen **gehen** sie in den Park.

Was **wollt** ihr nur dagegen **tun**?
Was **werden** die anderen **tun**?
Die **werden** sich **raushalten** und **abwarten**.
Die Freunde **streiten** wie Katz und Hund.
Wer **schwimmt** auf dem See?
Ich **will** eure Hände **sehn**.
Meister Jakob **schläft** nicht mehr.
Rumpelhänschen **tanzt** im Park.
Bald **beginnt** der Herbst.
Die Blätter **fallen**
Mit dem Sommer **waren** wir **nicht** **zufrieden**.
Meiner Oma **geht** es **gut**.
Hans **ist** im Glück.
Ich **lese** das Märchen vom gestiefelten Kater.
Wo **verliefen** sich Hänsel und Gretel?
Kennst du noch andere Märchen?

Aufgabe 2: Individuelle Beispiele

15 Nochmals Satzgegenstände

Aufgabe 1:

Hans spielt im Garten.
Wohin geht **Frieda**?
Mama und **Molli** gehen spazieren.
Herr **Scheuer** liest uns morgen etwas vor.
Kennst **du** Petra?
Kennt **sie** deine Schwester?
Mich kennt **sie** schon lange.
Wieso kennt **sie** dich nicht?
Morgen wird **das** **Wetter** sicher besser.
Gestern war **es** ganz schlecht.
Morgen wird **es** sicher nicht schneien.
Morgen wird auch **meine** **Tante** kommen.
Schau, dort drüben laufen **Hanni** **und** **Berta**.
Sie wollen ihren Opa treffen.

Der kommt gerade aus dem Supermarkt.
Zusammen gehen **sie** nach Hause.
Alle **Enten** schwimmen auf dem See.
Der **Chef** will fleißige Handwerker sehn.
Bruder **Hans** schläft noch immer.
Ein **Männlein** steht im Walde.
Endlich ist **der** **Frühling** da.
Den Winter kannst **du** vergessen.
Im Herbst waren **alle** noch zufrieden.
Den Großeltern geht **es** nicht immer gut.
Hans hat immer Glück.
Das **Märchen** von Hans und Greta ist es.
Hans **und** **Greta** spielten im Wald.
Kennst **du** andere Märchen?

Aufgabe 2: Individuelle Beispiele

Lösungen

16 Im Schwimmbad – Umstandsbestimmungen

Aufgabe 1:

	Adverbiale
Hans und Susi gehen **ins Schwimmbad**.	Ort
Gestern waren sie auch schon schwimmen.	Zeit
Auch **vorgestern** spielten sie lange Zeit zusammen.	Zeit
Sie trafen sich **am Bahnhof**.	Ort
Wegen der unerträglichen Hitze wollen sie sich im Bad abkühlen.	Grund
Fröhlich tollten sie herum.	Art und Weise
Im Zug schimpfte sie der grantige Busfahrer.	Ort
Im Freibad angekommen zogen sich beide schnell um.	Ort
Unter der Dusche kühlten sie sich ab.	Ort
Mutig erklommen sie den Sprungturm.	Art und Weise
Susi stand lange **unentschlossen** herum.	Art und Weise
Enttäuscht ging Hans **heim**.	Ort
Du warst aber **ziemlich schnell** fertig.	Art und Weise
Tanja brauchte **etwa 20 Minuten**.	Zeit
Sie erzählte **freudig** vom gemeinsamen Erlebnis.	Art und Weise
Papa berichtete von seiner Arbeit **im Büro**.	Ort
Opa hört wieder **nicht aufmerksam** zu.	Art und Weise
Oma arbeitet **in der Küche** weiter.	Ort
Sie muss **dort** ja das Abendessen fertig machen.	Ort
Die Großfamilie wartet **im Esszimmer**.	Ort

Aufgabe 2: Lösungsbeispiele:

auf der Wasseroberfläche, an der Treppe, auf dem Sprungturm, im Umkleideraum, unter Wasser, am Beckenrand, auf dem Beckenboden, in der Ecke, bei den Liegestühlen, auf dem Liegestuhl, unter der Dusche, in der Sauna, beim Abfalleimer, auf dem Sprungpodest, in den Fluten, aus der Dusche, unter dem Föhn, auf der Toilette, ins Wasser.

17 Am Bahnhof – Umstandsbestimmung

Aufgabe 1:

	Adverbiale
Warum geht ihr nicht in den Garten?	Grund
Wohin geht ihr, um Frischluft zu tanken?	Ort
Wieso fragst du nicht den Schaffner?	Grund
Wozu das Ganze?	Zweck
Wozu dient das Treffen am Bahnhofsvorplatz?	Zweck
Wann findet dein nächstes Training statt?	Zeit
Wie nahm dein Vater die Nachricht auf?	Art und Weise
Wo arbeitet ein Fahrkartenverkäufer?	Ort
Wann kommt Mama wieder?	Zeit
Woher kommen alle die Leute?	Ort
Warum kommen die überhaupt?	Grund
Wie gelang ihnen die Überfahrt?	Art und Weise

Aufgabe 2: Lösungsbeispiele:

bei den Bahnsteigen, am Bahnsteig 3, hinter dem Eingang, neben dem Fahrkartenschalter, auf dem Gleis, beim Trolley-Stand, über dem Kiosk, die Treppen hinunter, oberhalb des Lautsprechers, unter der Brücke, auf den Dachstreben, bei der Polizeistation, am Würstchenstand, innerhalb der Haupthalle, zu den U-Bahnen, zum Bahnhofsvorplatz

Lösungen

18 Je länger gewartet, desto größer die Ausbeute

Aufgabe 1:

	Adverbiale
auf der Lichtung	Ort
nach links … nach rechts	Ort
gestern und vorgestern	Zeit
neben dem Gleisbett	Ort
als Hobby	Art und Weise
aus sicherer Entfernung von den Schienen	Ort
vor der Linse	Ort
auf meinem Computer	Ort
farbig und originell	Art und Weise
aus Sicherheitsgründen	Grund
wegen möglichen Wetterumschwungs	Grund
im Hintergrund	Ort
bis nach Finnland	Ort
über Smartphone	Art und Weise
an der Strecke Regensburg–Nürnberg	Ort
in diesem Moment	Zeit
aus beiden Richtungen	Ort
als Video	Art und Weise

19 Die Corona-Pandemie – Wortartentraining

Aufgabe 1: Individuelle Wortfindung

Aufgabe 2:

Verben	Nomen	Adjektive
puzzeln	Virus	langweilig
verbreiten	Doktor	warmherzig
niesen	Husten	kreativ
isolieren	Beatmungsgerät	langweilig
hamstern	Mediziner	einsam
operieren	Warteschlange	gesund
spielen	Operation	geduldig
bedecken	Sicherheitsabstand	krank
einkaufen	Mundschutz	unsicher
beatmen	Virologe	erfolgreich
erkranken	Pandemie	tödlich
verunsichern	Abteilung	enttäuscht
impfen	Krankenschwester	mysteriös
testen	Geduld	schlimm

Lösungen

19 Die Corona-Pandemie – Wortartentraining

Aufgabe 3:

Pandemie:	Robert-Koch-Institut: "Eine Pandemie bezeichnet eine weltweite Epidemie. Eine Influenzapandemie wird durch ein neuartiges Influenzavirus verursacht, das in der Lage ist, schwere Erkrankungen hervorzurufen und sich schnell von Mensch zu Mensch zu verbreiten. Da dieser neue Erreger zuvor nicht oder sehr lange nicht in der menschlichen Bevölkerung vorgekommen ist, ist das Immunsystem nicht vorbereitet und daher auch nicht geschützt."
Virologe:	Arzt und Forscher, der sich mit Viren und deren Erscheinungsformen auseinandersetzt. Virologen entwickeln Impfstoffe, um Krankheiten vorzubeugen.
isolieren:	Menschen, die ansteckende Krankheiten haben, müssen von anderen getrennt werden, um sie nicht anzustecken.
hamstern:	Menschen neigen zu Hamsterkäufen, wenn sie Angst haben, dass Lebensmittel und andere Waren des täglichen Bedarfs knapp werden könnten. Dann kaufen sie in rauen Mengen und im Vorrat. Nachteil: Andere könnten leer ausgehen.

Aufgabe 4: Individuelle Lösung.

Aufgabe 5: Individuelle Lösung.

20 Wörter verbessern

Aufgabe 1: Radfahrer, Gummibärchen, Gleisarbeiter, Hochspannungsleiter, Grashüpfer, Schutzengel, Tischtennisball, Schutzanzug, Adventskranz, Kerzenständer, Richtungswechsel, Holzofenkohle, Motorboot, Satzaussage

Aufgabe 2: Donaudampfschifffahrtskapitän, Knödeldrehmaschine, Stacheldrahtdreher, Zylinderkopfdichtungshalter, Maschinenreinigungsspezialist, Zeitungsausträgerkoffer, Hundehaltervereinsvorsitzender

21 Samantha Cristoforetti, eine Frau im All

Aufgabe 1: Samantha Cristoforetti wurde am 26. April 1977 in Mailand, Italien, geboren. Unter anderem studierte sie in München, Frankreich und Moskau.

Im Alter von 24 Jahren trat sie 2001 als Offiziersanwärterin in die italienische Luftwaffe ein. Dort studierte sie auch vier Jahre lang und nahm nach ihrem Abschluss an einem Trainings-Programm auf der „Sheppard Air Force Base" in den USA teil, wo sie 2006 ihren Kampfpilotenschein erhielt. Im Mai 2009 wurde Cristoforetti von der ESA als Astronautin ausgewählt.

Im November 2010 schloss sie ihre Astronauten-Grundausbildung ab und erhielt ihren Status Reserveastronautin, in dem sie weitere Qualifikationen erwarb, die sie befähigten mit der Sojus TMA-15M zur Internationalen Raumstation ISS zu fliegen, was am 23. November 2014 von Kasachstan aus stattfand. Die Rückkehr zur Erde erfolgte nach 200 Tagen am 11. Juni 2015. Noch nie war vor ihr ein europäischer Astronaut länger im All gewesen.

Zurzeit wartet Cristoforetti am Europäischen Astronautenzentrum mit verschiedenen speziellen Aufgaben auf ihren zweiten Raumflug-Einsatz.

Für ihre Verdienste wurde ihr im Juli 2015 vom italienischen Präsidenten der Verdienstorden der Italienischen Republik verliehen.

Lösungen

22 Das Gedicht *Bewaffneter Friede* von Wilhelm Busch

Aufgabe 2:

Bewaffneter Friede	
Ganz unverhofft, an einem Hügel,	
Sind sich begegnet Fuchs und Igel.	sind
Halt, rief der Fuchs, du Bösewicht!	„Halt“ „du
Kennst du des Königs Ordre nicht?	
Ist nicht der Friede längst verkündigt,	
und weißt du nicht, daß jeder sündigt,	dass
Der immer noch gerüstet geht?	der
Im Namen seiner Majestät	
Geh her und übergib dein Fell.	geh Fell.“
Der Igel sprach: Nur nicht so schnell.	„Nur
Laß dir erst deine Zähne brechen,	Lass
Dann wollen wir uns weiter sprechen!	dann sprechen!“
Und allsogleich macht er sich rund,	alsogleich
Schließt seinen dichten Stachelbund	schließt
und trotzt getrost der ganzen Welt,	
Bewaffnet, doch als Friedensheld.	bewaffnet,
Wilhelm Busch	

23 Ein Männlein steht im Walde

Aufgabe 2+3:

Ein Männlein steht im Walde, ganz still und stumm, es sagt nichts, es singt nicht, es schaut nur dumm rum. Wer weiß denn, wer es ist, das Männchen, das im Wald dumm rumsteht? Es hat ein grünes Jäcklein an, einen grünen Hut auf dem Kopf und einen Stock in der Hand.

Es ist natürlich kein Männlein, sondern ein richtiger Mann, der Förster, der in seinem Revier für Ordnung sorgt. Manche nennen ihn auch den Waldvogt. Ein Vogt verwaltete früher die Ländereien und das Eigentum des Fürsten. Heutzutage verwaltet der Förster die Wälder im Auftrag des Staates. Als Hüter des Waldes ist er auch darum bemüht, diesen sauber zu halten. So steht er auch nicht dumm herum, sondern still, und er beobachtet das Geschehen im Hochwald und auf seinen Zugangswegen. Am wenigsten mag er es, wenn der Lärm zu stark ist und die Tiere, die man auf Anhieb gar nicht sieht, verschreckt werden. Und er hasst es, wenn er etwas findet, das da nicht hingehört: Papier, Plastiktüten, Dosen, Flaschen, Becher, leere Zigarettenschachteln und Kippen, jede Art von Abfall.

Heute scheint hier in der Hatzengrün wieder viel los zu sein. Es ist zwar Vormittag, aber etliche Gruppen von Müttern mit Kleinkindern und Kinderwagen sind unterwegs Richtung Kinderspielplatz. Die Grundschule hat Wandertag und so marschieren einige Klassen zum Waldlehrpfad und zum Abenteuerspielplatz mit seinen Geräten und Unterständen aus Holz. Die jungen Mütter ziehen plappernd und diskutierend an dem Waldhüter vorbei, ohne ihn zu sehen. Auf dem unteren Waldweg lärmt eine Klasse vorbei, keine Lehrkraft weit und breit. Zwei Dosen fliegen in hohem Bogen ins Gebüsch, eine Plastiktüte mit Inhalt hinterher. Zwei Buben heben Stöcke auf und bekämpfen sich damit. Einen trifft ein Hieb auf den Oberschenkel und er heult laut auf. Drei Mädchen versuchen sich singend zu übertreffen. Der Förster kann das Lied nicht erkennen, obwohl er sich für die aktuellen Charts interessiert. Eine Gruppe reißt Äste und Ästchen von den jungen Pflanzen und wirft sie danach achtlos weg. Jetzt ist es für den Waldhüter an der Zeit, dass er eingreift. Er stakst den Abhang hinunter, baut sich vor der Klasse auf und wartet, bis alle Schüler zu ihm aufgeschlossen haben. Wie es seine Art ist, fängt er aber nicht an zu schimpfen und zu brüllen, sondern er appelliert an die Vernunft und das Verständnis der Kinder. „Warum habe ich euch wohl aufgehalten?“, will er wissen. Und gleich ist ihnen ihr Fehlverhalten bewusst. Im Rundgespräch wird ihnen nochmals richtiges Verhalten im Wald klargemacht. Endlich keucht auch die Lehrerin heran und entschuldigt sich für ihre Langsamkeit und die Rasselbande, die über die Stränge geschlagen hat. Nachdem sich die Klasse einsichtig zeigt, bietet der Förster an, sie zu führen und die Schönheiten und die Wichtigkeit des Waldes zu erklären. Das wird gerne dankend angenommen. Und die Lehrerin verspricht eine besondere Nacharbeit: Die Schüler würden im Unterricht Schilder anfertigen, die auf das richtige Verhalten im Wald hinweisen.

Lösungen

24 Wörter mit „d“ oder „t“ am Ende

Aufgabe 1:

20-mal t am Wortende	35-mal d am Wortende
geweiht, hart, kalt, sieht, Monat, beleibt, Hut, beliebt, liebt, Zelt, halt, Wert, gehemmt, Gerät, bunt, geht, Mut, Macht, Elefant, Blut	Rad, wild, Land, Hand, rund, dauernd, Hemd, Bad, mild, Tod, Feld, Freund, blind, Band, Stand, blöd, Grund, Kind, Brand, Abend, Held, Wald, Schild, geschwind, Lied, Wand, bald, Geduld, Bund, reizend, Hund, Rand, Geld, und, Neid

Aufgabe 2: Abend, Hand, Rand, Monat, Soldat, Bart, Lied, Band, Grund, Grad, Motorrad, Bad, Land, Unterhemd, Kleinkind, Rind, Verbund, Jägerhut, Lehrkraft, Art, Held, Welt, Verkehrsschild, Strumpfband, Schwimmbad, Gut, Geld, Garant, Vernunft.

25 Wortfeld „sagen-sprechen“

Aufgabe 1:
a) glucksen, lallen, labern, palavern, plappern, räuspern, schreien
b) verneinen, schwätzen, anhauen, petzen, krächzen, ausrufen, stottern
c) trösten, erkundigen, planen, beleidigen, beten, bitten, behaupten, klagen

Aufgabe 2:
a) betteln, artikulieren, reden, erklären, erläutern, erörtern
b) meinen, flüstern, wispern, schreien, beschreiben, berichten
c) erlauben, danken, einladen, quatschen, quasseln, predigen

Aufgabe 3: bemerken, klagen, jammern, angiften, kreischen, aussprechen, rufen, verneinen, bejahen, entgegnen, erwidern, einsammeln, ermutigen, heulen, angeben, brüllen, wimmern, erzählen, lachen, flehen, empfehlen, verbieten, anbeten, beruhigen, kichern

Aufgabe 4: Individuelle Lösungen

26 Bukephalos - Steigerung von Adjektiven

Aufgabe 1: Individuelle Lösungen

Aufgabe 2: Fällt die Sonne von hinten auf eine Person, wirft sie einen Schatten, den die Person sehen kann. Sie sieht auch, wie sich der Schatten bewegt. Das war es auch, das Bukephalos wahrnahm und was ihm Angst machte. Deshalb gebärdete er sich auch störrisch, bockig und angriffslustig und ließ niemanden auf sich reiten. Alexander erkannte dies und drehte den Hengst so zur Sonne, dass er keinen Schattenwurf sah.

Aufgabe 3: kraftvoll, angriffslustig, stürmisch ...

Aufgabe 4-6:

Adjektiv	Komparativ = 1. Vergleichsstufe	Superlativ = Höchststufe
groß	größer	am größten
schön	schöner	am schönsten
gut	besser	am besten
schnell	schneller	am schnellsten
gut ausgebildet	besser ausgebildet	am besten ausgebildet
prächtig	prächtiger	am prächtigsten
bekannt	bekannter	am bekanntesten
berühmt	berühmter	am berühmtesten
lang	länger	am längsten
weit	weiter	am weitesten

Lösungen

26 Bukephalos - Steigerung von Adjektiven

Aufgabe 4-6:

Adjektiv	Komparativ = 1. Vergleichsstufe	Superlativ = Höchststufe
erfolgreich	erfolgreicher	am erfolgreichsten
hart	härter	am härtesten
einfach	einfacher	am einfachsten
neugierig	neugieriger	am neugierigsten
störrisch	störrischer	am störrischsten
aufmerksam	aufmerksamer	am aufmerksamsten
verlässlich	verlässlicher	am verlässlichsten
treu	treuer	am treuesten
+ weitere individuelle Beispiele		

27 Deutsche Stadien – Bindestrichschreibweise

Aufgabe 1: Fritz-Walter-Stadion

Aufgabe 2: Bindestriche zwischen den Namensteilen und dem Wort Stadion

Aufgabe 3:

a) Max-Morlock-Stadion, Nürnberg
b) Rudolf-Harbig-Stadion, Dresden
c) Hans-Walter-Wild-Stadion, Bayreuth
d) Georg-Gaßmann-Stadion, Marburg
e) Carl-Benz-Stadion, Mannheim
f) Rudolf-Kalweit-Stadion, Hannover

Aufgabe 4: Individuelle Lösungen

28 Berühmte und bekannte Frauen und Männer

Aufgabe 1: Lösungswort: **MOZART**

Aufgabe 2: z. B.

Konrad Adenauer	Konrad-Adenauer-Platz
Ludwig van Beethoven	Ludwig-van-Beethoven-Straße
Dr. Angela Merkel	Dr.-Angela-Merkel-Allee
Angelika Milster	Angelika-Milster-Weg
Bürgermeisterin Caroline Graf	Bürgermeisterin-Caroline-Graf-Straße
Prof. Ralf Müller	Prof.-Ralf-Müller-Weg

Aufgabe 3: Individuelle Lösungen

Lösungen

29 Ortsdurchfahrt gespeert!!!

Aufgabe 1: Tee Kaffee Seegurke Reh Beeren Gewehr Bequemlichkeit Schere Blumenbeet Himbeeren Erdbeeren Heringssalat Leergut Schneeschuh quer Serienstar Heerführer Demut Glücksklee Sehschlitz schwer Teerstraße Gebet Seele Überquerung Seemannsgarn Sehschlitz Gehweg Regenbogen Wegkreuzung Regelwerk Anlegestelle Mehlschwitze Handgel Segen Belegschaft Tretboot Schneegitter

Aufgabe 2: die Reling des Schiffes, die neue Anlegestelle für Ruderboote, 5-blättriges Kleeblatt gefunden, die Belegschaft der Firma ist in Kurzarbeit, ein prächtiger Regenbogen am Himmel, die Tretboote auf dem See, leckere Kekse zum Kaffee, Gurken und Karotten aus dem Gemüsebeet, eine neue Krimiserie im Fernsehen, der Gehweg ist für Fußgänger da, unser Alphabet hat 24 Buchstaben, Stefan Mross ist auf Tournee, Mehl zum Backen, ein Sehnenriss beim Fußballer, ein Komet am Himmel.

Aufgabe 3:

e	ee	eh
Regenwolken	Schneeschaufel	Sehvermögen
Wegekreuzung	Seeweg	Sehschlitz
Schwergewicht		Benehmen
Legehenne		Mehrheit
Hefepilz		
Gewitterwolke		
Gegend		

Aufgabe 4: Individuelle Lösungen

30 Das Rondo oder Rondell

Aufgabe 1:

Ich rieche Düfte im Garten Es gibt leckere Torten Ich rieche Düfte im Garten Die Früchte sind gut Ich rieche Düfte im Garten Zum Trinken gibt es Säfte Ich rieche Düfte im Garten Es gibt leckere Torten	Ich höre Geräusche Geräusche von der Straße Ich höre Geräusche Ich höre lautes Hupen Ich höre Geräusche Ich höre Motorenlärm Ich höre Geräusche Geräusche von der Straße

Aufgabe 2: Sie reden zusammen ein Rondo.

Aufgabe 3: Individuelle Lösungen

31 Wir schreiben ein Elfchen – oder mehrere

Aufgabe 2+3: Individuelle Lösungen

32 Das Haiku

Aufgabe 1:

Re gen bo gen pracht
Hin ter ei ner Wol ken front
Son ne Far ben schafft

Aufgabe 2+3: Individuelle Lösungen

Aufgabe 4:

Kür bis se flüch ten
Die Um ran dung hält sie nicht
Las se sie rei sen

Aufgabe 5: Individuelle Lösungen

KOHL VERLAG Lückenfüller Deutsch / Klasse 6 Aufgaben für flotte Schüler – Bestell-Nr. 12 459

Lösungen

33 Das Tanka

Aufgabe 1:

Ei ne Kö ni gin
Ei ne Kö ni gin der Nacht
Ei ne Pracht der Nacht
Mor gen schon wie der ver blüht
Schnell ver geht so das Le ben

Aufgabe 2+3: Individuelle Lösungen

34 Das Akrostichon

Aufgabe 1:

H eute ist einfach ein toller Tag
A lles klappte wunderbar
N ichts ging schief
S chöne Zeit
E twas muss sich geändert haben
I ch strenge mich einfach mehr an
G enaueres Arbeiten ist angesagt
E her aufstehen ebenfalls
N achts nicht so lange fernsehen
S auberes Arbeiten macht Spaß
I mmer motiviert sein
N icht locker lassen
N iemals aufgeben

Aufgabe 2: **INRI** = (lat.) Iesus Nazarenus Rex Iudaeoru (= Jesus von Nazaret, König der Juden)

Aufgabe 3: Individuelle Lösungen

Aufgabe 4: Ja, weil die ersten Wörter in jeder Zeile von oben nach unten gelesen diesen Satz ergeben: ***Ich bin kein schlechter Schüler***.

Aufgabe 5: Individuelle Lösungen

38 Zwei Gedichte von Christian Morgenstern

Individuelle Lösungen

39 Zwei Gedichte von Joachim Ringelnatz

Individuelle Lösungen

37 Das Gedicht *vor palma* von Jochen Vatter

Aufgabe 3: Paarreim: *a, a, b, b, c, c, d, d, e, e, f, f, g, g*